JN071428

素顔をあえて見せない日本人

新時代のコミュニケーション

立命館大学教授 医学博士
宮口幸治

ビジネス社

はじめに

「マスクを一日中着けている生活は、子どもの心理や発達に悪い影響を与えませんか？」

学校の先生や保護者の方から、そういったことを聞かれることがあります。新型コロナウイルスの感染拡大が始まった２０２０年1月以降、私たちは長時間マスクを着けた生活となり、４年目に入りました。小学校、幼稚園、保育園に通う子どもたちは室内でマスクをずっと着けています。

日本のほとんどの人がこれほど長期にわたりマスクをして生活する事態は、歴史上、おそらく初めてのことです。子どもたちの健やかな成長を願う先生や保護者の皆さんが、心配するのも無理はありません。長期的にどんな影響が出てくるのか、答えられる人は誰もいないのではないでしょうか。

マスクで顔の半分以上を覆うと、友達や先生の表情は見えづらく、自分の表情を相手に見せづらい。互いに表情から感情を読み取ることができず、コミュニケーション力の発達が阻害されるのではないか。そう心配する声は少なくありません。「子どもがマスクをするようになって、無表情になった気がする」と不安を訴える親御さんもいらっしゃいます。

しかし、結論から言うと、そんなことはないと考えます。

私は、マスクをしたからといって、子どものコミュニケーション力に大きな問題はないと思います。

マスクで顔が隠れていても、視覚以外からの情報を補い、コミュニケーションをとることは可能です。身の危険があれば、子どもたちは、顔全体の表情が見えにくくても、相手の視線、声、しぐさなど、他の情報を必死に読み取ろうとします。マスクで口の動きが見えない分、相手の目を見て、普段よりもむしろ集中して、相手の話す言葉の一語一語をしっかり聞くでしょう。

「目は口ほどに物を言う」と言うように、**マスク生活の中で成長するうちに、もしかすると、今まで以上に相手の目を見ただけで言いたいことがパッとわかる子になるかもしれませんし、声のトーンで相手の感情を察する子になるかもしれません。聴力や集中力が発達する可能性だってあります。**

確かにマスク生活は私たちからいろいろな機会を奪っています。友達の顔が見えない、声が聞き取りづらい、息苦しい。そういったことで起こるデメリットを強調しようと思えば、いくらでもできます。心配している方たちはきっと、テレビや雑誌などで聞いた話をずっと気にしてしまっているのでしょうか。

人間は生命を維持するための本能として、不安・恐怖をまず感じます。世論を動かすのは科学的根拠（エビデンス）より感情論のほうが多いのではないかと私は感じています。

現在のところ、マスクを長時間着けている生活が、コミュニケーションに及ぼすメリットにもデメリットにも、エビデンスと言えるものはありません。マスクをしてコミュニケーション力が落ちたというエビデンスとなる調査・研究論文を、私はまだ見たことがありません。実態調査をしたとしても、その事象がマスクの影響によるものか、その他の影響によるものかを区別して論じることは難しいでしょう。

つまり、安心するためのエビデンスがないので、本能からくる不安を取り払うのが簡単ではない、というのが現状だと思います。

マスク生活を心配する方たちの話を聞いて、私はフランス人ノーベル賞作家、アンドレ・ジッドの小説『田園交響楽』のあるシーンを思い出しました。

「目の見える人間は」と、私はやっとのことで言った、「見えるという幸福を知らずにいるのだよ」

「けれど、目の見えないあたしは」と彼女はすぐさま叫んだ、「耳できく幸福を知っていますわ」

（アンドレ・ジッド著、神西清訳『田園交響楽』新潮文庫より）

語り手である牧師は、身寄りのない盲目の少女ジェルトリュードを育てていました。ある日、牧師とともに音楽会を訪れたジェルトリュードは、『小川のほとりの景色』を聴いたのちに、自分には見えない世界がそんなに美しいものなのかと想像し、牧師

に尋ねたのです。

牧師はこの時、すぐに言葉が出てきませんでした。その曲は、実際の景色よりも美しく表現されたものに違いないし、ジェルトリュードに対してはまだ、悪や罪、死といった現実的なことを教えていなかったからです。

引用部分の牧師のセリフは、その葛藤の末に出てきた言葉ですが、それに対するジェルトリュードの返しは、明るく前向きなものです。「耳できく幸福を知っている」という言葉は、心からの言葉としてジッドが描いたに違いありません。

実際、視覚障がい者の方たちは聴覚を研ぎ澄まして、周りから情報を得ています。街を歩く時は誘導用ブロックを頼りにしながら、周りの音からも手がかりを探します。晴眼者が聞き逃している小さな音の変化にも、気づくことが多いでしょう。ジェルトリュードの「耳できく幸福」についても、共感される方が多いかもしれません。

そのような視覚障がい者の方たちが対人コミュニケーションに問題があるかというと、決してそんなことはなく、むしろ人と話すのが好きでうまい、という方も少なくありません。お笑いコンテストのR－1グランプリで優勝した盲目の漫談家・濱田祐太郎さんの話術も、彼がいたコミュニティの中で培われたのでしょう。

このように、何かの機能を失ってから別の部分が補うように発達・進化するということも往々にしてあるものです。

冒頭で紹介した学校の先生や保護者の方からの質問があった際には、私はこう答えています。

「そこまで心配しなくても大丈夫だと思います。マスクをしているメリットもいろいろありますよ」

私たち人間は、そんなにヤワじゃありません。

マスクを着けていることで、むしろ私たちがこれまで苦手としていたものが得意なものへ発達することも考えられます。マスクの中に二酸化炭素がたまること、息苦しさについても、マスクの性能はどんどん改良されていますし、工夫次第で快適に着けることが可能になると思います。

こうした私の考えを一通り伝えると、それまで不安げだった皆さんの表情が、ほっとした表情に変わります。

「なるほど、そういう前向きな見方もあるんですね」と、喜ぶ先生もいます。

結局は心の持ちよう。**不安を超える安心感こそ、今は大事なのだと思います。**子どもたちを見守る先生や保護者の方の心の安定が、子どもの発達にいい影響を及ぼすからです。

私がニュース番組や新聞記事などの報道を見る限り、「マスクをそろそろはずしましょう」といった論調はよく紹介されるものの、マスクを着け続けることを肯定的に捉える論調は少ないように感じます。

しかし、**例えば私の大学のゼミ生たちはマスクを着ける生活にすっかり適応し、違和感を抱くことなく、青春を謳歌（おうか）しているように見えます。マスクをしていない時よりマスクをした時のほうが安心感を得られるようで、周囲の目を気にせずに積極的に発言をするようになった学生もいました。詳細は本文で語りますが、少年院の教官がマスクをすることで、少年たちの問題行動が減ったという興味深いエピソードもあります。**

こうした報道と身の回りとの違和感を抱いていた矢先に、出版社から「マスクをテーマにした本を書いていただけませんか」と打診されました。マスクは私の研究テーマではありませんし、特別に関心を持っていたわけではありません。それでも、「コロナ禍でのマスク着用が子どものコミュニケーション力に与える影響」については、何度も聞かれることなので、この機会にまとめてみようと思い、本書の執筆を決めました。

世間のマスクに対する考えはよく変わります。

「まだまだマスク着用を徹底すべきだ」という風潮が強いこともあれば、「もういい加減、マスクをはずそう」という風潮が強いこともあります。両者の対立も、しばしば見られることです。

あらかじめお断りしておくと、こうしたマスク論争に決着をつけることが本書の目的ではありません。感染予防、医療行為としてのマスク効果についても、本書では論じません。

「着けたほうがいい」「はずしたほうがいい」ということは、個々のケースによっても異なります。私自身も状況を見ながら、自分の判断で、マスクを着けたりはずしたりしています。

私が本書で最も伝えたいのは、マスクで「コミュニケーションの可能性が広がった」というメッセージです。

顔の半分以上を覆い、外見を隠すことで内面が前面に出て、これまで辿(たど)りつけなかったような人間関係に辿りつけるようになってきているのです。その詳細をこれからお話ししていきたいと思います。

本書では、まず第1章で、新型コロナの感染予防としてマスク装着が必須な社会になった現状、そこで生じた日本人の生活スタイルや意識の変化について考えてみます。

私は、日本人のマスク生活はこれからも続くと思います。感染が収まっていないこともそうですが、花粉症対策やインフルエンザ対策など、コロナ前からマスク生活に馴染んでいた日本人には、マスクが苦ではないという人も多いからです。それどころか「マスクなしではいられない」という人も出てきました。デザイン、機能性とも工夫された、長時間着けても快適なマスクの開発がされています。近距離での会話時はマスク着用がいまだに推奨されている世の中で、マスクはいまやコミュニケーションのマストアイテムと言っても過言ではありません。

第2章では、なぜ日本人はマスクを受け入れたのか、その心理の歴史的背景を探ります。**コミュニケーション上のマスクのメリットとも言える「隠す」＋「盛る」ということに焦点を当てます。**

マスク生活が続く中で私が最も期待していることは、相手の外見よりも内面的な部分を見る力が、私たちに備わるのではないかということです。つまり、第一印象が「見た目」（主に顔）ではなく、性格や感性、表現力といった内面に変わるのではないか。また、表情以外の別の情報を多く取り入れるために、他の能力が発達するのではないかと考えます。**「見た目9割」の時代は終わる（もしかするとすでに終わった）かもしれません。**

第3章では、これからは従来と一味違った、言葉と言葉以外のノンバーバルの組み合わせで自分の内面をアピールする時代になってくるという前提で、**私の専門領域でもある精神医学から、ノンバーバル・コミュニケーションの上達に役立つ「コグトレ」（認知機能に着目したトレーニング）をご紹介したいと思います。**

メディアではよく、コロナ前の「元通りの生活」に早く戻りたい、という人々の声を取り上げます。経済面で、外食産業や観光産業の方などが、収益を元通りに回復させたいというのはもっともです。

しかし、「時代が戻る」のはもったいないと私は思います。私たちの未来には、マスク生活を経験したからこその「進歩」があるはずです。

すでに起こっている変化としては、オンラインミーティングなどがあるでしょう。これまでも技術的には可能でしたし、海外では珍しくもないことでしたが、相手の人と直接会うことを大事にする日本人には根付きませんでした。それがコロナ禍でテレワークとともに一気に広がり、新しい常識になったのだから驚きです。自宅にいて、海外の友人や離れて住む家族と気軽につながれるようになりました。

ウィズコロナ、ポストコロナの世界では、こういった革新的な変化が人間の内面にも起こる。そう期待してもいいのではないかと思います。

いずれコロナが収束した時に、今の時代をマイナスだったと捉えるか、プラスだったと捉えるか。この差は大きいと思います。今のままだと、多くの人は「あの時は大変だった」「コロナで時間が失われた」と、マイナスのイメージばかりで振り返るでしょう。

しかし私は現在も、これから始まる新時代も、悲観的に見ていないですし、皆さんにもそうなってほしくありません。皆さんが今の時代をプラスのイメージで振り返るような未来になれば、どんなに素敵なことでしょう。

「今思えば、マスク生活をしたおかげで可能性が広がったんじゃないかな」

そう言えるようになるための、前向きな気持ちへの切り替え方、新時代に適応したコミュニケーションを、一緒に考えていきましょう。

宮口幸治

2023年2月

素顔をあえて見せない日本人
新時代のコミュニケーション

目次

第1章　マスク生活を受け入れた日本人

第2章 「見た目9割」じゃないと気づき始めた日本人

第2節　コミュニケーションにおける顔の役割　101

第3章　今まで辿りつけなかった世界につながれる！新時代のコミュニケーション

第1章

マスク生活を受け入れた日本人

日本人すべてがマスクをはずす日はもう来ない

マスクがないと電車に乗れない。飲食店に入れない。周囲の人に嫌な顔をされてしまう。屋外でははずしていいと言われても、素顔を見せていることが何だか恥ずかしい、みんなまだ着けているからはずせない……。

これまでマスクに関心がなかったのに、色、形、素材を気にするようになった——。2020年の前と後とでは、私たちとマスクの距離は大きく変わっています。ほぼすべての日本人は、マスクがより身近で、スマートフォンと同じぐらい手放せないものになっているでしょう。

日本人は人前ではもう、マスクをはずさない。その現実を裏付けるような調査結果が出ています。

化粧品メーカーのマンダムが2022年3月に、15〜29歳の女性285人に行った調査によると、**「人前でマスクをはずすことに抵抗はありますか」（衛生面ではなく、**

顔が見えることなどへの抵抗で）という質問に、「非常にある」と答えた人は約31％。「ややある」と答えた人は約45％。合計すると約76％もいました。

理由を複数回答可で聞いたところ、割合が高かったのは、「顔のつくりに自信がない」が約62％、「気になるところが隠れているのに慣れてしまった」が約48％、「マスクを取った時の印象ギャップを出したくない」が約46％だったとのことです。

マスクをはずせない人が多い一方、マスクをはずす時期についても、この３年間、常に議論があります。脱マスクについて、日本人はどのように考えているのでしょうか。

マーケティングリサーチなどを手掛ける日本インフォメーションが２０２２年８月、16～69歳の男女９８３人を対象に行った調査によると、「毎回着用している」が屋内で約72％、屋外で69％。今後のマスク使用に関しては、「いつも必ず使用」と「できるだけ使用」の合計が約37％いました。

一方で、「もうしたくない」という人は、男性60代がトップで約43％、男性20代は約11％と、世代間でかなり開きがあります。

このデータからは、若者は、**マスク生活の居心地の悪さを年配者よりそれほど感じていないことがうかがえます。**

また、Ｊｏｂ総研による同年5月の『２０２２年　脱マスクに関する意識調査』においても、脱マスクに否定的な人が多数派という調査結果が出ています。20～59歳の社会人７０８人に調査したところ、今後もマスクの着用を続けると回答した人は約87％にのぼりました。

また、この調査では、仕事中にマスクをしていて不便を感じた経験があるか、という質問もしていますが、約67％の人が「ない」と回答。そして、**マスクをしていない人に対する印象として、「関わりたくない」「不快に感じる」といった強い拒否を示した人は合わせて6割を超えていました。**

この調査結果は、「マスクをはずすとネガティブな印象を持たれてしまう」という不安からマスクを続けている人たちが多いことをうかがわせます。こういった外部からの同調圧力や空気感も、マスクをはずせなくなった理由の一つなのでしょう。

ただ、世界に目を向けると、脱マスクはかなり進んでいます。

２０２２年12月にカタールで行われたサッカー・ワールドカップの観客席を見ても、ほとんどの人がマスクをしていませんでした。海外ニュースで街の様子などを見ても、脱マスクが当たり前です。

なぜ、世界で脱マスクが進む中、日本人はマスクをはずさないのでしょうか。それは、感染予防、同調圧力等以外にも、日本ならではの理由があるからと考えられます。

マスク着用にポジティブな日本人

日本人がマスクをはずさない、あるいははずす必要性を感じていない理由の一つは、もともと日本人の多くがマスク生活に慣れていたことだと考えられます。特にインフルエンザの流行が危惧される冬、そして花粉症の症状が出始める春先に、以前からマスクが手放せなかったという人は多いでしょう。

日本人は２００９年の新型インフルエンザ騒動でも「マスク不足パニック」を経験しています。

発端は同年4月24日、アメリカやメキシコで豚インフルエンザの感染事例が多発し、死者が相次いでいることをWHO（世界保健機関）が発表したことです。この一報を皮切りに、日本でもマスクや消毒液を買い求める人が急増しました。国際空港や港などで検疫が始まり、水際対策も強化されていましたが、5月16日、神戸で新型の豚インフルエンザが確認されました。当時の報道を見ると、すでに5月上旬からマスク不足の傾向があり、5月19日の段階で関西地方の都市部の大手スーパーでは、在庫がほとんどない状態に。マスクパニックは全国に波及し、本格的にマスク不足となったのです。

インフルエンザは、日本では毎年のように流行し、おおよそ1000万人が感染しています。冬の流行時期に感染を防ぐ手立てとして、手洗い、うがい、そして罹患者のマスク着用が奨励されています。

また、日本人にとって、国民病ともいわれる花粉症の対策としても、マスクが使われています。

日本の花粉症患者の実数はよくわかっていませんが、日本耳鼻咽喉科学会の、全国の耳鼻咽喉科医とその家族を対象とした鼻アレルギーの全国調査によると、2019年の花粉症の有病率は、42・5%にものぼったそうです。[1] 調査対象が限られているため、必ずしも全国民の統計と一致するとは言えませんが、身近な人たちの花粉症有病率とそんなに変わらない印象ではないでしょうか。

花粉症があるのは日本だけではありませんが、これだけ多くの人が花粉症に悩んでいる国は珍しく、春先になると電車でもマスクをしている人をたくさん見かけます。症状がひどい人だと、マスクをはずした途端にくしゃみが出そうになるので、花粉症シーズンはマスクが手放せなくなります。

一方、海外、特に欧米では、日本のようなマスク習慣はありません。もしコロナ前に、マスクをして街なかを歩けば、異様な人と思われてしまったことでしょう。医師でもないのにマスクをしているのは変だ、という国もあります。不健康なイメージ、怪しいイメージで捉えられることもあり、マスクを着けていて好印象を持たれることはありません。そのため、コロナ騒動が始まった頃、欧米ではなかなかマスクの着用が広がりませんでした。

このように日本では以前からマスクが一般化していました。**清潔好きな日本人にとって、マスクは衛生用品の一つ。もともとポジティブに捉えていた人が多かったのでしょう。**もちろん着けたくないという人もいますが、社会全体としてマスク生活を受け入れる下地があったと言えます。

さらにさかのぼると、大正時代にもマスクをポジティブに取り入れた歴史があります。

そもそも、日本でマスクが普及するようになったのは、1918年（大正7年）、スペイン風邪の大流行からだといわれています。

スペイン風邪は、当時の新型インフルエンザウイルスの別称であり、現在の新型コロナウイルスの大流行ともよく比較されるパンデミック事例の一つです。世界全体で数千万人、日本でも38万人から45万人が死亡したと推計されています。

歴史の教科書にも載っているので、ほとんどの人が一度は聞いたことがあるのではないでしょうか。ただ当時、庶民がどのように感染を防いだかについては、あまり詳しくは知られていないと思います。

『恐るべし「ハヤリカゼ」の「バイキン」！　マスクをかけぬ命知らず！』[2]

このフレーズは、マスク着用を呼びかける当時のポスターのキャッチコピーです。新聞等でも、マスクの着用、うがいの励行が呼びかけられ、今と同じ、あるいはそれ以上の緊迫感が伝わってきます。

一般社団法人・日本衛生材料工業連合会のサイトによると、マスクはこのスペイン風邪の流行で日本でも普及し、その後もインフルエンザの流行のたび、感染対策の衛生用品として広く使われてきたようです。その素材も時代とともに変化していて、１９５０年にはそれまでの布に代わるガーゼマスクも登場しました。

現在のような、不織布マスクの原型となるマスクが作られるようになったのは、１９７３年からで、１９８０年代からはマスクが花粉症対策として一般家庭に普及していきました。

以上が日本における「マスクの始まり」からの経緯です。ただ、実はこの前から「マスクのようなもの」が日本にはありました。

慶應義塾大学文学部訪問研究員の住田朋久氏が東洋経済のインタビューに答えた話

によると、呼吸器疾患者向けの『レスピレーター』と呼ばれる呼吸器が、１８３６年にイギリスで開発され、１８７７年（明治10年）頃までには日本に入って来ていたのだそうです。[3] レスピレーターを宣伝する１８７９年の広告も残っていて、今のマスクと同じ形状のものを人々が着けていたことがうかがえます。レスピレーターの中には格子状の金属が入っており、人間の呼吸で内部の湿度が保たれる仕組みになっていたようです。

このレスピレーターも、今のマスクと同様に、本来の目的から離れて都会のファッションアイテムとして使われていたのだそうです。おそらく、明治初期に欧米の文化が大量流入してきた時に、このレスピレーターも一緒に日本にやって来たのでしょう。それが、新しいもの好きの当時の日本人にウケたのかもしれません。

また、当時の広告で、もう一つ目を引くことがあります。レスピレーターの色が、黒だということです。明治初期も、令和も、人々の間で黒色のマスクをおしゃれに取り入れていたのです。

◆文献

1　花粉症環境保健マニュアル
https://www.env.go.jp/chemi/anzen/kafun/2022_full.pdf

2　朝日新聞デジタル「『マスクかけぬ命知らず！』動揺、１００年前の日本でも」
https://www.asahi.com/amp/articles/photo/AS20200424001609.html

3　東洋経済オンライン「なぜ日本はマスク好き？その意外な歴史的背景」
https://toyokeizai.net/articles/-/421202

オンラインゼミでもマスクをする学生たち

私は勤務先の大学のゼミを、状況に応じてオンラインで実施することがあります。新年度のゼミを開く際に、私は学生たちと面談をしましたが、その時もオンラインミーティングツールのＺＯＯＭを使いました。不思議な現象が起こったのは、ゼミが始まってからです。

学生の何人かは、自宅からネットにつないで、ゼミに参加します。私との1対1の面談では、お互い顔が見えるようにマスクをはずしていました。ところがゼミが始まると、画面の向こう側の景色が少し変わります。

一部の学生は、自宅にいるにもかかわらず、マスクを着けているのです。同じ部屋に誰かがいるのであれば、感染対策をしているのだなとわかるのですが、その部屋にいるのは学生一人だけです。

私は学生たちに、マスクを「着けてください」とも「はずしてください」とも言っていません。気にしているつもりもなかったのですが、「この学生はマスクを着けている」といったことは事実として目に留まります。

コロナ前は、風邪でもないのに対面でマスクをするのは相手に失礼かもしれないと、感じるのが普通でしたので、違和感というほどではないのですが、「あ、マスクをしていることも彼らには普通なんだ」という驚きを私は感じました。一方の学生たちは、すでにマスク生活に順応しているのか、マスクを着けることにはあまり違和感もないようです。

ゼミの最初のうちは、数人がマスクを着けているだけです。もっと驚いたのが、それを見た自宅参加の別の学生が、途中からマスクを着け始めたのです。基本、ゼミではカメラをオンにしてディスカッションを行いますので、参加者全員の顔が画面に映し出されます。マスクを着けても着けなくてもいいなら、「着けたい」ということかもしれません。

各自の周囲にはおそらく他に人はなく、感染リスクがないのに、なぜ学生たちはマスクを着けるのか。私には不思議でした。

自分が知らないだけで、自宅でのマスクの着用が奨励されている？

家族の仕事の事情などで感染管理が厳しく、自宅でもマスクを着けている？

顔を見られるのが恥ずかしいから？

みんなが着けているから、自分も着けたほうがいいかなと思った？

ゼミの時間は、学生との会話に集中しているので気にならないのですが、ゼミが終わり、自分もマスクを着けたりはずしたりする中で、オンラインゼミでもマスクを着けている学生たちの行動が、ますます不思議に思えてきたのです。そして、外に出ていろいろな人を見ているうちに、こう思うようになりました。

「もしかして、うちの学生だけじゃなくて、**多くの日本人はもう、マスクをはずした**

くないのでは？」

どこに行っても、みんながマスクをしている状況。屋外など、「ここははずしてもいいのではないかな」と思うような場所でも、ほとんどの人がマスクをしています。コロナの感染状況が落ち着いている時でも、なぜみんなマスクを着けているのか。私の専門外ではあるものの、個人的にマスクについて調べてみたいと思うようになりました。

アベノマスクもあった！ マスク生活定着までの振り返り

ここで、新型コロナウイルス感染予防としてマスク着用を余儀なくされ、マスク生活が定着するまでの変遷を振り返ってみたいと思います。

新型コロナウイルスの感染者が日本で初めて確認されたのは、２０２０年1月15日のことです。その翌日、厚生労働省は「国民の皆様へのメッセージ」として、次のような呼びかけをしています。[4]

新型コロナウイルス関連肺炎に関するＷＨＯや国立感染症研究所のリスク評価によると、現時点では本疾患は、家族間などの限定的なヒトからヒトへの感染の可能性が否定できない事例が報告されているものの、持続的なヒトからヒトへの感染の明らかな証拠はありません。

今読むとだいぶ悠長にも聞こえますが、当時の温度感としては、そこまで危機が迫っていると感じていた人は少なかったように思います。この一報でマスクを買いに出掛けた人は、よほど先見の明があったのでしょう。

マスクが品薄状態になったのは、１月下旬頃からです。危機感を持っていたのは、日本よりも早く感染が確認された中国の人たちでした。

中国の春節（旧正月）にあたる1月25日の前後から、中国人観光客の〝爆買い〟が始まり、数千枚単位で購入していく人も現れました。日本に住む中国人留学生なども、中国の家族や友人に送るため、マスクをまとめ買い。あまりにも急速にマスクが売れていったことから、27日、政府は業界団体にマスクの増産を要請します。

当初、新型コロナウイルスの感染が確認されたのは、中国・武漢への渡航歴があった日本人や、武漢から来日した中国人に限られていました。日本国内での感染事例が確認されたわけではないので、ここまでは「まだ関係のない話」と思っていた人も多いでしょう。

しかし28日、武漢渡航歴がない日本人の感染が初めて確認されると、一気に緊張が高まります。

未知のウイルスに感染したくないという恐怖から、日本人もマスクを買い求めるようになったのですが、店頭にはほとんどマスクがありません。入荷されてもすぐに売り切れてしまい、しばらくの間、供給不足の状況が続きました。

ネット上では、マスクの高額転売も見られました。店頭で売られる10倍の価格が付くこともしばしば。こうなるともはや、マスクは高嶺の花です。インフルエンザや花粉症に備えていた人たちは、マスクを箱買いしていたかもしれませんが、それでも店頭にないのだからそのうち家のストックも尽きます。というわけで、日本各地でマスク不足の状況に陥り、マスクを着けたくても着けられないという人も少なくありませんでした。

こうした状況を受け、当時の安倍内閣は、国内の全世帯に布マスクを配布することを決定しました。いわゆる「アベノマスク」です。これは２０２０年5月から各家庭のポストに配られましたが、小さくて見栄えがよくないうえに着けると息苦しく、評判はあまり良いものではありませんでした。

なかにはこれで命がそれで助かった人もいたと思いますが、開封すらしない人も多く、のちに８０００万枚の布マスクが配られずに倉庫に眠ったままになっていることも発覚しました。

とはいえ、これは市販マスクの供給が追いついてきたことの裏返しでもあります。マスクの輸入、国内工場での増産を政府も支援し、店頭に並ぶマスクの量、価格ともにコロナ前にだんだんと近づいていきました。高値での転売もなくなりました。当時の報道を振り返ると、５月下旬頃からドラッグストアなどで再びマスクが並ぶようになり、６月にはマスク不足は解消していたようです。

その後、今に至るまで、マスクは不足に陥ることなく、安定的に供給されています。もしマスクを忘れて外出をしてしまっても、コンビニや駅の売店で、いつでもマスクは売っています。スーパーやドラッグストアでは、その箱が積み上げられている光景をよく目にします。

一般的に「マスク」と言った場合は、白い不織布マスクのことを思い浮かべる方が多いと思いますが、**花粉症対策やインフルエンザの感染予防として、この不織布マスクは日本にもともと普及していました。**

この他、医療用には、家庭用の不織布マスクよりもフィルターの目が細かいサージカルマスク、それよりもさらに細かいＮ９５マスクがあります。フィルターの目が細かいほど細かい粒子をキャッチできるので、ウイルスの感染予防効果は高まりますが、外気を取り入れにくくなるので、着けていると息苦しくなるデメリットもあります。

さらに、ガーゼマスク、ウレタンマスクなどがありますが、２０２０年以降にマスクが広まった理由はいずれも同じ。新型コロナウイルスの感染を防ぐことです。

咳やくしゃみ、声を出した時に口や鼻から飛び出す飛沫（口から出る小さな水滴）を周りに撒き散らさない。また他人の飛沫をブロックする。さらにはエアロゾル（空気中に漂う微小粒子）を吸い込まないようにする。マスクに飛沫感染やエアロゾル感染を防ぐことを期待して着けました。

もちろん、マスクだけが感染対策ではありません。人との距離をとる、換気するといった対策を併せて講じることが大事です。感染経路などに関してもまだよくわかっていないことがあり、そしてどれだけ対策しても、感染する時はしてしまいます。そのため「マスクって意味があるの？」といった議論も国内外でしばしば見られることです。

しかし初めにもお断りしたように、本書ではマスクの感染予防効果の是非については論じません。**ただ事実として、多くの人が新型コロナへの医学的な感染予防効果を期待して、急激にマスクを使い始めたということは言えます。**

◆文献

4　新型コロナウイルスに関連した肺炎の患者の発生について（１例目）
https://www.mhlw.go.jp/stf/newpage_08906.html

もはや感染予防だけじゃないマスクの役割の広がり

マスク生活が続く中で、マスクは感染予防以外にも役割を持つようになりました。例えば、ファッションとしての役割です。

コロナ前は、マスクの色といえば白でした。たまに病院などで、淡いブルーやピンク色のマスクを見ることもあったかもしれませんが、一般の人が街なかで着けていることは稀でした。それが今や黒、ピンク、ベージュ、そして柄物など、さまざまな色・模様を見かけます。みんなと同じ白色のマスクを着けているのでは個性がない。髪の毛の色を変えて楽しむのと同じように、マスクの色もファッションの一部として取り入れているようです。

また、同じ色でも、コロナ前と後とでは、印象が変わっています。黒色マスクについては、コロナ前の２０１８年頃から街なかでもよく見かけるようになりました。最初は中国人や韓国人がつけていたようですが、日本人の若者もつけていました。ところが当時は日本人にとって見慣れないものだったので、「少し怖い」「黒だと汚れがわからないし衛生的にどうなの？」といった声も聞かれました。今はそういった声は少なくなり、黒いマスクも一般化しています。

形もさまざまで、立体型、プリーツ型と呼ばれるものなどは、顔を小さく見せる効果もあるとされています。

試しに「マスク　おしゃれ」でインターネット検索をしてみると、顔の輪郭をシャープに見せて小顔効果を謳うマスク商品がずらりと並びます。ユーチューブ（ＹｏｕＴｕｂｅ）では、小顔に見せるためのマスクの作り方も紹介されています。特に女性は、マスクによる小顔効果に期待をしているようです。

これまで、マスクを着けることで「かっこいい」「かわいい」と言われることは、あまりなかったことだと思います。一部ではあったのかもしれませんが、小顔に見せるマスクなどはウィズマスク時代ならではのヒット商品と言えるでしょう。

美容機能の追加されたマスクも発売されています。紫外線をカットするマスク、ヒアルロン酸を配合したマスクなどは、気になる女性も多いのではないでしょうか。これまで、仕事をしている昼間にスキンケアをすることは難しかったと思いますが、今はマスクをしているのが普通なので、仕事中もマスクでスキンケアができてしまいます。ずっとツヤツヤを保てます。

感染対策のためだけではないマスクは次々に登場し、バリエーションも増えました。

マスクには、息苦しいというデメリットもありましたが、それを解決するため、3次元デザインなる形状の工夫ばかりでなく、「電動ファン付きマスク」というものも発売されています。マスク内部に高性能フィルターをセットし、マスク内部を常に新鮮な空気で満たすというものです。

ここまでマスク生活の快適さを追求し、マスクを受け入れた国民はおそらく他にないでしょう。マスクを受け入れるかどうかよりも、マスク生活をいかに快適に過ごすか、を考えるところまで進んできているのです。

「安心感」でかけがえのないアイテムになったマスク

マスクに「安心感」という新しい価値が付与されつつあります。

日本人にとって、コロナ前のマスクは、一時的な災いから身を守るためのものでした。花粉症も季節性のインフルエンザも、特定のシーズンに発生し、時間が経てば終わるもの。ピークが過ぎればマスクをはずす人も増え、やがてほとんどの人はマスクを必要としない生活に戻っていきます。

ところが新型コロナウイルスの感染拡大は、1シーズンで終わるものではありませんでした。2020年流行当初、「夏になれば終わる」という楽観論もありましたが、夏が過ぎても、秋が過ぎても終わらない。感染ピークの波はいくつもありましたが収束宣言が出ないまま3年が過ぎ、私たちはその間、ずっとマスク生活を続ける状況に置かれています。マスクの取り扱いについては、2023年1月末の時点で見直しの具体策がまだ示されていません。

そんな中で、先ほど紹介したようなさまざまなマスク商品が発売され、マスクを使いながら新しいメリットを見つけることもありました。

「顔を隠して対面を取り繕える」というメリットです。

例えば、スーパーへの買い物などの近場の外出でも、「誰に会うかわからない」と言って化粧をして出掛ける女性は少なくありません。しかしマスクをしていれば、化粧をしていなくても気にせずに出掛けられます。

とはいえ、すっぴんではどうも気になる、という場合は、目元だけ化粧をしておけば、マスクで隠れる口の周りは化粧をしなくても、マスクをはずさない限り気づかれません。この場合、**マスクは時短アイテムの一種と言えます。**

寝坊をして化粧ができなかったけれどマスクでしのいだ。ひげを剃らずに家を出た。そんな、マスクに助けられた経験をしている人もいるでしょう。

また、マスクには、年齢を若く見せるメリットもあります。

年齢は口元に現れると言われます。ほうれい線、頬のたるみ、シミ、そばかす。それらはどうしても、見ている人に年齢を意識させます。美容の力で、これらを消したり和らげたりしようと、日々努力されている方も多いでしょう。しかしマスクは、着けるだけでそれらすべてをないものにしてくれます。特に女性にとっては、マスクは大きな味方と言えるでしょう。

もちろん、ほうれい線や頬のたるみが実際に消えるわけではありません。しかし「若く見られているんじゃないかな」という意識を持つことは、決して悪いことではないと思います。せっかくだから、髪もおしゃれにしてみよう。服も買い替えてみよう。

ダイエットをしてみよう。若さを意識するきっかけとしては十分です。

私自身、マスクを着けていると、周りから実年齢より若く見られることがあります。それは口元が隠れているからだとわかっていても、悪い気持ちにはなりません。自分も若さを意識することで、多少明るい気持ちになれます。

他にもマスクのメリットはいくつもあります。マスクをしているとマスク美人、マスクイケメンに見られることもあります（詳細は後述します）。自分の口臭に気づかれにくくなる、他人の口臭や体臭に自分も気づきにくくなる、といったこともあります。場面にもよりますが、表情を取り繕う必要がなくなることもあります。

これらマスクの新しいメリットに共通しているのが、つまり、「安心感」です。

素顔を見られる心配がない、老けて見られる心配がない、表情の変化から内面を見抜かれる心配がない。**自分のマイナス面を覆い隠してくれる、なかったことにしてくれる安心感です。**マスクというものは、私たちが人に見せたくない、気づかれたくないものを隠してくれるアイテムなのです。

マスクがあれば積極的に話せる学生もいる

冒頭でお話しした、私のオンラインゼミでマスクを着けていた学生たちも、マスクに「安心感」を求めていたのではないかと、私は考えるようになりました。

自分の顔を多くの人に見られるのは、恥ずかしいものです（嬉しいという人もいますが）。オンラインゼミでは、他の学生たちにも顔が見られてしまうので、容姿に自信がない、化粧をしていない、顔にニキビがあるなどの事情で、なるべくなら顔を隠したいという心理が働いてもおかしくありません。

この問題を簡単に解決してくれるのが、マスクです。マスクを着ければ、顔の下半分を隠せます。相手に顔を全部見せなくてもいいという安心感からか、オンラインゼミでマスクを着けている学生は、マスクをはずしていた面談時よりもリラックスしている様子がうかがえました。他の理由もあるかもしれませんが面談で緊張していた学生も、マスクを着けている状態では緊張している様子も見られず、自信を持って発言しているという印象を私は受けました。

一方、面談でもゼミでも関係なくマスクを着けずに参加している学生は、もともと自信がありそうなタイプの人たちで、この安心効果は、マスクを着けている学生に見られる変化のようです。

マスクをはずした状態だと、こちらからはその人の表情がすべてわかります。口元が緩んだり尖ったり、そこから読み取れる心情の変化もあります。それが見えなくなることで、「コミュニケーションがとりにくくなった」という人もいますが、それも、場面が限定されると思います。

人間の心情を表すのは、口元の動きだけではありません。声のトーンや、ふるまい、目を見れば、その人の喜怒哀楽はおおよそわかるものです。

そもそも、その人の言葉の本質を捉えることが目的であれば、表情が見えているかどうかは関係ありません。自分事ですが、『ケーキの切れない非行少年たち』（新潮新書）というベストセラーになった本の著者である私の顔を知る読者は、ほとんどいません。道を歩いていて、「宮口先生ですか？」と声をかけられたことは一度もありません。

しかし、多くの方が本を読んで私の意見に共感してくださいました。ラジオのパーソナリティも顔が見えなくても、話術でリスナーの心をしっかりつかみます。**表情は必ずしも、人の内面の情報伝達に必須のものではないということです。**

政治家や芸能人のように、自分の顔を多くの人に知ってもらうのが目的であれば、マスクをはずして話したほうがいいでしょう。大学のゼミでも、同じゼミの仲間に顔を覚えてもらいたいのであれば、はずしたほうが効果的。ただ、大学のゼミでは、自分の意見をわかりやすく伝えることがより大切です。マスクを着けることで落ち着いて話せるのであれば、個人的にはマスクを着けても問題ないと思います。

大事なのは、自分はマスクを着けたほうがしゃべりやすいのか、はずしたほうがしゃべりやすいのか。自分に合った自己表現スタイルを、自由に選択することです。

「だてマスク」で増えるマスク美人とマスクイケメン

さて、学生がマスクを着け続けることに時代の変化を感じるところもありますが、実はコロナ前から「だてマスク」という言葉があり、インフルエンザや花粉症の流行とは関係なく、マスクを着ける若者は少なからずいました。

心理学的な観点からすると、それは「人に見られたくない」「人と話したくない」といったように、外部とのコミュニケーションからなるべく距離をとりたい心理から生まれるようです。確かに、誰しもそういうことはあるでしょう。マスクで顔が覆われていると、外部から守られている安心感があるという話は、何となく理解できるところです。

そしてこのだてマスクには、もう一つ大きな効果があります。

それは、**マスク美人、マスクイケメンに見られやすいということです。**マスクをした人を見ている側の人間は、マスクで隠れている部分を減点法ではなく、理想を想像して加点法で評価するからなのだそうですが、それを裏付けるような実験が読売新聞で紹介されていました。[5]

実験をしたのは、関西国際大学の心理学部の男子学生４人です。彼らは、何人かの男女の顔の下半分を隠した画像を作り、元画像と比べてどちらが魅力的に見えるか、36人の学生に評価してもらいました。その結果、下半分を隠していたほうが魅力的に感じられるという結果を得たのです。

ゼミの講師を務めた富田瑛智さんが読売新聞に答えた説明によると、「人間は脳で『節約的な想像の仕方』をする。それが影響している」とのこと。つまり見えない部分を想像する際に、顔の歪みや肌の荒れを排除して、整った顔で想像するので美人やイケメンに見えやすいのだということです。

今の時代はルッキズム（外見至上主義）という外見による差別をなくそうという動きが顕著ですが、やはり自他の外見が気になるのは生物としての脳の働きでもあるようです。

では、マスクをはずした時のギャップについて、いったいどれだけの人たちが気づき、意識しているのでしょうか。コスメ商品の販売などを手掛ける福美人という会社が、２０２１年６月に、全国の20代・30代男女１０７０人を対象に行った調査によると、**「異性がマスクをはずした時の印象に〝ギャップ〟を感じたことはありますか？」という質問に対して、「よくある」または「たまにある」と答えた人は、男女ともに6割を超えていました。**[6]

そのギャップの中身を見ていくと、笑顔が素敵だったというポジティブなものから、「マスク美人が多い」「マスクしているとイケメン。はずすと残念」といったものまで、さまざまです。

マスクを着けたりはずしたりするだけで、自分が知らないところで期待されたりがっかりされたりしているかもしれないと考えると、それはそれでちょっとしたストレスですが、その場限りの対面であればマスク美人やマスクイケメンに見られるのは嬉しいことでしょう。しかし、新しく友達や仕事仲間になった人と初対面の時からマスクを着けた状態で接している場合、マスクをはずす時のハードルを上げてしまう側面もあります。

◆文献

5　読売新聞
https://www.yomiuri.co.jp/local/kansai/news/20220915-OYO1T50033/
6　福美人調査
https://prtimes.jp/main/html/rd/p/000000009.000053464.html

「いつ素顔を見せるか」がかなり重要な問題に

マスク効果により、相手が自分の顔を見た時に、理想の顔を想像してしまう。そのギャップにみんなが気づき始めているために、自分の素顔を見せづらい心理が働いてしまうケースも、これからは増えそうです。

私の住んでいる関西地方には、『探偵！ナイトスクープ』（ＡＢＣテレビ）という人気番組があり、私もときどき観ています。毎回探偵役の出演者が、視聴者からの依頼に応えていくというものですが、２０２２年9月の放送で「マスクを絶対に外さない中１の娘」という、マスクに関連するテーマがあったので紹介します。

依頼者は40歳の女性です。中学1年生の娘が、マスクを絶対にはずさない。どのくらいの徹底ぶりかというと、中学に入学してから、家以外では一度もはずさないというのです。唯一昼ごはんの時はマスクをはずすものの、それも食事を口に運ぶ瞬間だけで、すぐに元通りマスクを着けるのだとか。

ただ、これだけでは番組になりません。この女子中学生には、付き合って2カ月の彼氏がいます。その彼氏の前でも、一度もマスクをはずしたことがないというのです。彼女は、マスクをはずして素顔を見せることで、彼氏にがっかりされるのではないかと心配していました。まさにマスクのギャップを恐れている状態です。そして彼女は、彼氏がマスクをはずした顔を見たこともありません。お互い、素顔を知らない同士だったのです。

ここで探偵が動きます。二人にマスクを取ってみようと提案。マスクをはずした二人に、果たしてどんな結末が訪れるのか。ここから先はネタバレになってしまうため伏せますが、私も「いったいどうなるんだ」と思いながら見入ってしまいました。

この番組を見た人の中には、「素顔を見たことがない同士で交際するってあるものなの？」と驚いた方も多かったと思います。人間、見た目だけではないと言うものの、交際する異性の素顔を見ないままの交際は、なかなか考えにくいものです。

しかし、若者世代は違うようです。『サタデープラス』（ＴＢＳ系）という情報番組で、興味深い調査が行われていました。マスクを取った相手の顔を見ずに付き合うのはありかなしか、番組が10代の男女を対象に調査したところ、**なんと10代の71％は、マスクをはずした顔を見なくても付き合えるという結果でした。**

素顔が見えないからこそ、中身が重視される。そして中身をきっかけに男女の交際がスタートする。そんな時代が始まろうとしています。

素顔を見ない期間が長ければ長いほど、いつか顔を見せる時のハードルは高くなりますが、それを乗り越えられるかどうか、カップルの正念場と言えるかもしれません。そこで別れるカップルもいるでしょう。しかし素顔を見せるという壁を乗り越えた時に、二人の絆はより深まるのかもしれません。

外見から入って、交際しながら中身を評価するか。

中身から入って、交際しながら外見を評価するか。

プロセスが逆になることで、人々の恋愛模様も変わっていきそうです。

かつて日本でもサングラスがイケメンアイテムの一つとして流行りました。「かっこいいと思ったのに、はずしたらがっかり」などと女性が言っているのを聞いたものです。

時代によってイケメンアイテムは変わります。**ただ、外見が理想とちょっとずれていても好意が続くかどうかがその人の内面や性格の相性にかかっていることは、いつの時代も変わらないと思います。**

外見をよく見せておけるうちに、内面をしっかり相手に伝えておくというのも、これからの恋愛テクニックかもしれません。

マスコミとＳＮＳが煽るマスク着用の悪影響は本当か？

ここまで、マスク生活が長く続くことで生じる価値観の変化について述べてきました。それらはどちらかというとポジティブなことばかり。おしゃれができる、時短になる、顔を見せなくてもよくなる、など。その土台となっているのは「安心」でした。ところが一方で、マスク生活が続く中で、長期的なマスク着用による悪影響を心配する声が依然としてあるのも事実です。

不安のもとの多くは、不確かな情報です。

現代社会に生きる私たちは、テレビやインターネットでの報道やＳＮＳから多くの情報を得ています。

個々で好き嫌いはあるでしょうが、特にスマートフォンを手にするようになってからは情報に触れる時間がとても長くなりました。電車の移動中も、仕事の休憩時間も、ちょっとでも手の空く時間があれば、スマートフォンで時間を埋めるような生活をしています。

そこで触れる情報は玉石混交。だからこそ気をつけて情報に接していないといけないのですが、何が正しいのか見極めることは、簡単なことではありません。

マスクへの不安に関して言えば、多いのは乳幼児への影響です。

厚生労働省は、２歳未満の乳幼児にマスクを着けることを推奨していません。[7] そのため日本で乳幼児がマスクを着けることはほとんどありませんが、面倒をみる保育士や医療関係者は常にマスクを着けています。**子どもは大人の表情が見えにくいので、「乳幼児の脳の発達が遅れてしまうのではないか」という指摘がありますが、その指摘にはまだはっきりとしたエビデンスがありません。**

マスクを着けた大人に育てられた子どもと、マスクを着けない大人に育てられた子どもの発育を比較した実験が仮にどこかで行われていたとしても、エビデンスが得られるほどの大規模な治験は行われていないでしょう。

つまり本当なのか、間違っているのかがわからないので、情報としては不確かです。

ここからはあくまで個人的な見解ですが、世話をする大人がマスクをしているからといって、乳幼児の脳の発達が遅れるという指摘には疑問があります。

確かに、顔全体の表情がわかれば、大人が何を言いたいのか、理解するのは早いかもしれません。しかし、乳幼児の脳の発達に寄与しているのは、大人とのやり取りだけではありません。風に揺れる木々のざわめき、虫たちの鳴き声、地面や家屋を叩く雨音など、自然の環境音でも脳は発達します。モビールなどがふわふわと揺れているのを目で見るのも、赤ちゃんの脳には大事な刺激になっています。そして、人は環境適応力を持っているので、子どもの未来への影響を過剰に心配しなくていいと私は思います。

特別な場合を除き、保育士、医療関係者だけが周りの大人ではありませんし、多くの家庭では家族がマスクをはずして生活しているでしょう。**親子のコミュニケーションなどの中でいろいろな表情を見せる工夫をしていれば、過度に心配する必要はないと思います。**

テレビなどのメディアは政府の政策や世論、視聴率を重視するあまり、「ちょっと大げさではないか」というほど不安を煽る場合があります。「いいね」が欲しい人の集まるＳＮＳも同様です。少しでも注目されたいがために、不安を煽ったり、虚偽情報を流したりというユーザーはたびたび問題になっています。長時間、不安を煽る情報にさらされていると、認知が間違ったほうに歪み、他の意見が耳に入らなくなる危険性もあります。

最も気をつけたいのは、大人が心配をしすぎることで、子どもに不安が伝染してしまうことです。

偏った情報に振り回されず、科学的に信頼できる情報を得て行動することが大事です。

言葉をしゃべらない乳幼児も、親が怒っている、喜んでいることは理解します。マスク着用よりむしろ、保護者は自らの精神状態、感情の起伏に注意したほうがいいかもしれません。

厚生労働省は2歳以上の未就学児については一律に着用を求めず、小学生以上の子どもについては、2メートル以上の距離が確保できる場合はマスク着用の必要はないとしています。

目安として幼稚園や保育園、小学校ではマスクをいつ取るべきかといったことで、学校と保護者間で意見が分かれることもあるようです。さまざまな意見を持つ人が集う中で、方針を1つに定めるのはなかなか難しいことかもしれません。ただ、子どもの場合は、「周りが着けているから」「周りがはずしているから」と、他の子どもたちを見ながら動く習性があります。

マスクを着けたほうがいい場所と、はずしてもいい場所を子どもに伝えて、状況に合わせてマスクを着けたりはずしたりすることは決して悪いことではないと教えると良いかと思います。

コロナ前からだてマスクをしていた人たちの一部には、マスク依存症の可能性も指摘されていました。子どもが今後、マスク依存症になるかどうかは注視する必要がありますが、マスクをはずせないだけで「依存」というネガティブなイメージを抱くのは早まった考えです。

多くは「安心」の土台になっている。それが過度に出て依存してしまう人もいる。一律ではない、多様な視点を持つことが大切です。

先ほど「エビデンス（科学的根拠）」という言葉を使いました。最近よく耳にする言葉だと思います。なぜエビデンスがそれほど重要なのかというと、エビデンスを確かめないでいると、感覚や感情でイメージを抱いて物事を判断してしまうからです。

そして、一部のデータを見て判断せず、総合的に判断しないと正しいエビデンスはつかめません。

例えば、犯罪白書で少年による刑法犯の検挙人数を見ると、この10年間の刑法犯の検挙人数は年々減っています。[8,9]「子どもが減っているからでは？」という指摘もあるかもしれませんが、人口比で見ても激減しています。データ上は、「今の少年たちは戦後日本史上、最も犯罪を起こさない世代」と言えます。

しかし、「だから社会は良くなっている」と簡単には言えません。少年院入院数も年々減少していますが、成人刑法犯の再犯者率は年々増加しているのです。

私が拙書『ケーキの切れない非行少年たち』で紹介したような、かつての障がい児ともいえる知的障害またはその疑いのある少年たちが、被害者から加害者へと転じていった現状があります。再犯を繰り返す「恵まれない犯罪者」が増加している現状を横目に、「良い社会」になったとは言えないのではないでしょうか。

このように、1つのデータではなく、複数のデータを用いて総合的に判断しないと、エビデンスがあっても間違った判断をしてしまう恐れがあります。

マスク生活においては、「子どもたちの無表情が増えた」「笑わなくなった」と心配する声も聞かれますが、それもエビデンスはありません。実は気のせいかもしれません。マスクより、自粛生活が続いて閉塞感があったことの影響とも考えられます。

ただ、小さな変化に気づくことは悪いことではありません。変化に気づいたことをきっかけに、今後出てくる調査結果などを見ておけば、その分野に関して最新の知識を得ることができます。

例えば海外では、マスク着用の弊害を指摘する報告も出ています。マスクをすることで生じるさまざまな心理的・肉体的症状を『マスク誘発疲労症候群（ＭＩＥＳ）』と名付け、酸素不足のために思考力の低下が起こると指摘しています。確かに報告のようなことはあるかもしれませんが、それがたまたま起きた症例なのか、世界規模でよくある症例なのかは、大規模な治験が行われないとわかりません。漠然とした不安で感情論に流されないようにしたいものです。

◆文献

7　厚生労働省「マスクの着用について」
https://www.mhlw.go.jp/stf/seisakunitsuite/bunya/kansentaisaku_00001.html

8　令和3年版犯罪白書 第3編
https://hakusyo1.moj.go.jp/jp/68/nfm/n68_2_3_1_1_1.html

9　警察庁「犯罪被害者等施策に関する基礎資料」
https://www.npa.go.jp/hanzaihigai/whitepaper/w-2021/html/zenbun/part3/b3_s6_11.html

マスクの意外な効果!? 少年院で問題行動が減ったワケ

ここまで紹介したように、マスクは私たちの価値観を変えました。その次の段階で、マスクはコミュニケーションも変えていくかもしれません。

ここで一つ、少年院に関するお話をしましょう。私がかつて児童精神科医として勤めていた、ある少年院での出来事です。

話は10年ほど前にさかのぼります。コロナ前のことですが、状況としてはとてもよく似ています。

当時、その少年院のある地域では、インフルエンザが猛威をふるっていました。教官たちは皆、マスクを着用することになりました。少年たちは着けていません。すると、不思議なことにそれまで少年院で頻回に発生していた問題行動が激減したのです。

なぜ問題行動が減ったのか。

マスク生活で皆さんも感じられることがあるでしょうが、マスクを着けたまましゃべり続けると、だんだんと息苦しくなってきます。マスクのフィルターによってウイルスをブロックしようとすればするほど、体に必要な酸素を口や鼻から取り入れづらくなってしまうからです。

そうなると、マスクを着けた人たちはどうなるのか。そのまましゃべり続けても息苦しいだけなので、自然と口数は減ります。余計なことはなるべく言わない。マスクを常時着用していた教官にも、そんな心理が働きました。

少年院の少年たちは、普段、教官からさまざまな、小言ともとれるような注意を受けています。その注意に納得がいかず、反発を繰り返す少年もいます。それが教官への暴言や少年同士の喧嘩といった問題行動につながることもしばしばありました。

少年たちの問題行動が減ったのは、マスク着用によって教官の口数そのものが減ってからのことでした。息苦しいので、教官たちは余計なことは言わなくなったのです。

少年たちにとって、教官からの言葉は反発の材料です。必要以上のことを言われたと感じれば、何かしらの問題行動を起こす確率が高まります。時には教官が息苦しさを我慢しながら、長々と説教をすることもありましたが、マスクで声がこもって少年たちが聞き取りづらく、耳に入らないのか、教官に反発する頻度は下がりました。

当時の院長は教官たちに、「少年たちの前ではずっとマスクをしていたほうがいいかもしれませんね」と話していたほどです。冗談めかして言ったことですが、あらためて考えてみると、それはなかなか理にかなったことだったかもしれません。

マスクでしゃべりづらい、聞き取りづらいということは負の側面ですが、メリットとして捉えれば、新しいコミュニケーションの形を生み出すことができるかもしれません。少年院で問題行動が減ったことは、「マスクの巧妙」の一つと言えるでしょう。

就活も変わる！ 内面を見た目より先にアピールできる時代が到来

本章では、日本人がマスク生活を受け入れてきた流れ、そのことによって生まれた変化について述べてきました。私の見立てでは、これからもマスク生活は続くでしょう。ＴＰＯで着けるかはずすかを選ぶようにはなると思いますが、マスクが安心の土台となっている人たちの間では、マスクはますます手放せないアイテムとなるでしょう。

私たちはこの数十年、外見にとらわれすぎていたのかもしれません。見た目が派手なもの、きれいなもの、かっこいいものに惹かれ、それを人間に対して求めていました。しかしそんな時代が終わり、「見た目」は飛ばしてダイレクトに内面を提示し合い、コミュニケーションする時代に切り替わろうとしています。我々の世代はどこまで変わるかはわかりませんが、「素顔を知らなくても交際できる」という10代の若者たちが大人になり、子どもを育てていく時代になれば、社会全体が大きく変わっているはずです。

先日、社員採用試験のエントリーシートでの顔写真添付を不要にする企業も増えているという新聞記事を読みました。顔や性別を考慮した書類選考で門前払いせず、面接で話をすることで中身を重視した人物本位の選考を始めたそうです。企業における人事採用基準にも大きな変化が生まれているようです（「朝日新聞」２０２２年10月17日）。

これからは、内面を見た目より先にアピールできる時代に変わります。それにより、

今まで出会えなかった人と出会え、多様な人間関係を生み出せる社会になっていきます。

ウィズコロナ生活で注目されつつある「匿顔（とくがん）」という文化があります。匿顔とは、匿名と顔を合わせた言葉で、顔を隠して社会と接点を持つことです。「見た目」を前面に出さない対人関係のありかたとも言えるでしょう。

日本には匿顔を受け入れる、つまり顔を隠すことを良しとする考え方がもともとありました。次の章ではそのことについて、詳しくご紹介します。

まとめ

★マスクはコミュニケーションのマストアイテムになった。

★日本人にとってマスクはいろいろな意味で「安心感」を与えてくれる。

★マスクで顔の大部分を覆った生活をするうちに、「見た目」重視の価値観は薄れつつある。

★これからは内面をダイレクトにアピールする時代に。

第2章

「見た目9割」じゃない
と気づき始めた日本人

第1節　顔を隠して価値を上げる時代が始まった

新たな可能性を生み出す「見た目」非重視の匿顔とは

私たちは、誰かと会って話をする時、写真を見る時に、その人の「顔」から多くの情報を得ています。目、耳、口、鼻、眉、ひげ、頭髪、シワやシミ、そばかす、顔色などを、単に容姿の一部として捉えることもあれば、そこからさらに年齢、性別、人種といった属性を推し量ることもあります。「たれ目で優しそう」「ひげがあって痩せこけていて気難しそう」「茶髪でチャラそう」「吊り目で神経質そう」など、顔の造作と表情を観察して、どんな人かを想像します。

よく「人を見た目で判断してはいけない」と言いますが、私たちは日常生活においいて、相手の顔からいろいろな推察をして判断しています。もちろん、その判断が間違っていることもありますが、最初の重要な手がかりとしてはとても有益な情報です。

竹内一郎氏のベストセラー『人は見た目が９割』では、言葉以外の情報を「見た目」としています。このタイトルはキャッチーさを狙ってのものだと思いますが、その論拠となっているのはアメリカの心理学者、アルバート・マレービアン氏による実験結果です。

マレービアン氏が他人から受け取る情報の割合について調べたところ、顔の表情が55％、声の質（高低）、大きさ、テンポが38％、話す言葉の内容が７％だったということです。そこから着想を得ての「見た目が９割」というわけですが、タイトルだけ見た多くの人は、「見た目＝容姿」と思ったことでしょう。

実際、同書は、ノンバーバル（非言語）・コミュニケーションについて書かれていて、厳密には「受け取る情報の９割が非言語情報によるもの」といったほうが正しいのかもしれません。ただ、人は見た目で判断されるもの、という本質を突かれたことで、多くの人が手に取る本となったことは確かだと思います。

それでは、本書における「見た目」とはというと、そのままの意味です。その人の

「容姿」であり、「表情」です。見た目が重要であるのは、それが相手を知る手掛かりとなる大事な情報だからです。そのため、顔が見えない（見た目がわからない）ことに不安を感じる人は多く、ネガティブに感じることもあります。

「電話だと相手の顔が見えないので、意思疎通が難しい」

「この人、顔を隠してメディアに登場しているけど、何か人に見せられない理由でもあるのかな？」

そしてマスク着用においては、

「相手の口元が見えないと、表情がわかりづらくコミュニケーションがとりづらい」とよく言われます。「マスクはコミュニケーションをとる上で障害」という声をたびたび聞きます。

しかしこれは本当にそうなのかと私は思います。

逆に、マスクの「隠す」効果をうまく利用することもできます。それは、前章の最後でも触れた「匿顔（とくがん）」の一つです。

匿顔という言葉は、メディアでもたびたび取り上げられるようになりましたが、まだご存じでない方も多いと思われますので、簡単にご説明します。

「大辞泉新語大賞２０２２」の月間賞（６月）に「匿顔」は入賞し、時代のホットワードとなっています。大辞泉編集部（小学館）によれば、匿顔とは、「マスクを着用することが一般的になった社会において、コミュニケーションをとる際に相手の顔を知らないままであること」です。この言葉の生みの親は、コミュニケーション工学士であり、日本顔学会元会長の原島博氏です。

原島氏は、１９９０年代から匿顔という言葉を使っていますが、ＳＮＳが普及する２０１０年代にメディアで取り上げられる機会が増えていました。それがさらに注目されるようになったのは、コロナ禍でマスク生活が一般的になってからです。

２０２３年４月から、『大辞泉』のデジタル版に「匿顔」は収載される予定だそうです。

匿顔の文化になじんでいるのは主に若者で、マスクを「匿顔」のアイテムとして、活用しています。

電話やメールで相手に顔を見せずにコミュニケーションをとる時と似た気楽さや安心感を、マスクを着けていれば対面でも得られます。

また、表情から相手に自分の性格や感情、考えや主張を決めつけられることも防げます。マスクを着けている安心感は、相手に伝わる「顔」からの情報が減り、対人関係での支障や摩擦が減ることにもあるでしょう。

「人に見られていると思うと緊張する」

「自分の表情から考えを見透かされる恐怖心がある」

そういった人にとっては、マスクはストレスから解放してくれる「匿顔」アイテムとなっているというわけです。それはつまり、「マイナス評価されるのを防ぐ」、もっと言うと「自分の価値を上げる」ことを意味します。

ただ、将来的に、素顔をずっと見せないままの人間関係を続けるのは、今の世の中では難しいでしょう。そこで、「顔を見せる」ことにスペシャル感が生まれてきます。「この場面は自分の顔を見せる時だ」「この人にだけはマスクをはずした顔を見せたい」という時にマスクをはずすという使い分けが、今の時代にはある意味、価値にもなるのです。

匿顔の時代にマスクをはずすことは、勇気がいります。その行為で精神的に成長できることもあるかもしれません。

ＫＩＳＳも匿顔ミュージシャンだった⁉

「匿名文化」という言葉は、インターネット文化を指す時によく用いられます。言葉の似ている「匿顔」も、インターネット時代ならではの文化として捉えることができるでしょう。「匿顔」という言葉の生みの親である原島氏も、もともとネット社会のコミュニケーションを指す言葉として使っていました。メールやＳＮＳなどは、まさに匿顔でのコミュニケーションが可能なツールです。

ただし、「匿顔」はインターネットの普及前からありました。

例えば１９７３年に結成されたアメリカの人気ロックバンドＫＩＳＳ（キッス）は、まさに「匿顔」のはしりでしょう。白塗りの奇抜なメイクと、過激なライブパフォーマンスで人気を博し、ロックに親しみのない人も、一度はあのメイクを見たことがあるのではないかと思います。日本のハードロックバンドの聖飢魔（せいきまつ）Ⅱなど、彼らのビジュアル、音楽性の影響を受けた人たちが多く存在します。

ＫＩＳＳのメンバーは、途中からたびたび素顔も見せていますが、それを見て「Ｋ

ISSの人だ！」と判断できる人はファンを除いてほとんどいないと思います。素顔を知らなくても多くの人が彼らの虜になったのは、KISSの音楽、パフォーマンスに魅了されたからでしょう。

とはいえ、KISSは素顔をメイクで隠しながらも、まだビジュアルが存在しています。メイクした姿はペルソナと言われ、それぞれのキャラクター設定があるので、「かっこいい」「面白い」という受け止め方もできます。彼らは匿顔ミュージシャンの中でも「覆面ミュージシャン」の部類と言えますが、中にはビジュアルすら存在しないミュージシャンもいます。

日本のボーカルグループ、GReeeeN（グリーン）などはその一例です。2002年から活動している彼らは全員、歯科医師でもあり、音楽活動との両立のために顔を隠しています。しかしそれが、彼らの人気を下げる要因にはなっていません。むしろ個性として受け入れられ、純粋に彼らの音楽を聴きたいというファンに愛され続けています。「顔を見てみたい」というファンもいるかもしれませんが、基本的には「歯科医師としての仕事を大事にしたい」という彼らの思いが尊重されているようです。

GReeeeNの成功は、ビジュアルが一切なくても中身（曲）で勝負できるという、新しい時代の可能性を示したといえます。その後、匿顔ミュージシャンが次々に登場し、素顔を出していないことを「価値」にしています。最近ではＡｄｏ、ヨルシカなどがその例です（ライブなどで限定的に顔を出していることもあるようですが）。**彼らが人気となっているのは、音楽を聴く側の私たちが、見た目にこだわらず純粋に音楽を楽しめるようになっているからと言えます。**顔を隠しても本質は伝わる。ＳＮＳに慣れ親しむ過程で、そのことに気づいた人が多かったのかもしれません。「匿顔」ミュージシャンは決して、ビジュアルを軽んじているわけではなく、ミュージックビデオなどで工夫を凝らし、自分の世界観を表現し続けています。

価値を上げる匿顔アイテムとしてだてマスクは残る

匿顔が価値となるのは、匿顔アーティストだけではありません。広い意味では私たち誰もが自己アピールする表現者です。そのつもりがなくても、他者に何かをアピールしながら生きています。それはつまり、私たちも「匿顔」が価値になることがあるのです。

匿顔を身近なものにしているのはマスクです。はじめは感染対策として着けていたものが、やがてファッションアイテム、時短アイテムとしても役割を果たすようになり、匿顔アイテムとしても使われるようになりました。

コロナ前にも、匿顔アイテムとしてマスクを使っている人はいましたが、街なかで声をかけられたくない有名人、ユニークなファッションを追求している人など、限られた条件の人たちだけでした。「特に理由もなくマスクをしている」という人はほとんどいませんでした。

ですが、今は違います。私たちはもはや習慣で、ごくごく当たり前に、外に出る時に上着を着るのと同じようにマスクを着けて出かけます。もちろん「感染対策として」といった大義はありますが、着用の必要がないとされている屋外でもマスクをしているのは、「みんなが着けているから」という理由も大きいと思います。そうした安心感は、日本人ならではの感覚かもしれません。

新型コロナが収束したとしてもインフルエンザなどは毎年冬には流行するようになる可能性が高いです。春・秋の花粉症シーズン、冬のインフルエンザ、コロナ流行シーズンにマスクをするだけでも、夏以外はマスク着用する人の割合は高く、自分や周囲の人が、日常的にマスクを着けていることに抵抗がなくなるでしょう。

そのうえ、今回のコロナ禍でマスクがもたらす「匿顔メリット」に気づいた人たちの中には、「もう一年中、マスクを着けていてもいい」と思っている人も少なくないでしょう。マスクも同じように、安心感や自己表現のための「匿顔」アイテムとして、コロナ後も残るのではないでしょうか。

職場でマスクをはずす強要はもはやハラスメント行為に

２０２３年1月現在、室内などでマスクを着けるかどうかは、基本的には個人の判断に委ねられています。

飲食店や公共交通機関、テーマパークなどでは、マスクの着用をお願いされますが、それはあくまでお願いであって、法的に強制するものではありません。マスクの非着用がもととなってトラブルとなり、そこから暴行事件などに発展する事件はたびたび報道されていますが、「マスクを着けなかった」という理由で警察に捕まることはありません。誰も「着けなさい」と強制できない中で、マナーやエチケットとしてうまく回っているのが日本のマスク着用なのです。

異論はあると思いますが、マスクを着けたくない人、何らかの理由で着けられない人の人権には、企業も個人もなるべく配慮してきたように感じます。場所によっては、マスクを着けなければサービスを受けられないなどの不便はあると思いますが、建前にすぎないことがありつつもトラブルに発展しないような工夫が見られました。

一方で、「マスクを着けたい人」の人権はあまりクローズアップされることがありません。「マスクは誰も強要していない。着けたいから着けている人にどんな人権が？」と思われるかもしれません。しかしマスクを着けたい人は、「マスクをはずしたくない人」であることも多いのです。

そういった人への配慮が至らず、職場で上司が部下に「ちょっと顔が見たいからマスクをはずしてくれる？」と言ってしまうと、それがハラスメント行為と指摘されるのかもしれないので注意が必要です。

コロナ前から一緒に働いていた人の素顔は見たことがあると思いますが、コロナ流行以降に入社した人は、「同じ職場なのに素顔を見たことがない」ということも増えてきました。以前の常識から言えば、「お互いの顔を知っておきたい」という気持ちはわかります。**しかし、これからは「マスクで隠れている部分はその人のプライバシーである」という意識を持っていないと、「セクハラ」「パワハラ」と言われかねないのです。**

ネット上で生まれた「顔パンツ」という言葉は、マスクをパンツにたとえた言葉です。マスクは隠したいものを隠す下着のようなものなのだから「顔パンツ」というわけですが、マスクに隠れた部分がプライバシーであるという考え方に共感が集まっていることをうかがわせます。この言葉は、「２０２２ユーキャン新語・流行語大賞」にもノミネートされました。

顔パンツという言葉は、皮肉めいた形で生まれたものだと思いますが、マスクが恥ずかしいもの、見せたくないものを隠すという道具であることを、一言でうまく表現しています。

これからは、マスクの着用を強要できないように、マスクをはずすことも強要できないと考えたほうがいいでしょう。それはもはや、人によっては「人には見せてはいけない、デリケートな部分を隠す下着」なのですから。

こういったハラスメント行為は、「知らなかった」「自分はそう思わなかった」では済まされないものです。「相手がどう思うか」で考えないといけません。**匿顔時代のマスクは、うかつに「はずして」と言ってはいけないものになってくるでしょう。**

効果的にマスクを使いファン獲得を狙うインフルエンサーも出現

SNSが普及した2010年代、ネット上で自分の顔写真や動画を載せる人が増えました。ツイッター（Twitter）、フェイスブック（Facebook）、インスタグラム（Instagram）、ユーチューブ、ティックトック（TikTok）など、有名人でなくても誰でも世界に向けて発信できます。それにより自分の夢をつかんだ人、ファンを増やしてインフルエンサーとして稼ぐ人、交流の幅が広がった人、昔の知り合いとまたつながるようになった人もたくさんいます。それはSNSのよいところでもありますが、一方で顔出しにはリスクもあります。

例えば、容姿に対する攻撃です。

顔の好みは人それぞれであるとともに、ちょっと目立つようなことをすればやっかみなどから、「顔が嫌い」「ブサイク」と言われることもあります。容姿端麗な芸能人でさえ、「太った」「痩せた」「シワが増えた」といった細かいことを指摘され、時にはひどい言葉を浴びて神経をすり減らしながらも顔を出しています。そうしたストレスを超えるメリットがあれば我慢もできるかもしれませんが、一般人の場合、顔を出すことのメリットよりリスクのほうが高いのではないでしょうか。

また、思いがけないことで、ＳＮＳ上でネガティブな内容や個人情報とともに自分の顔が拡散され、半永久的にネット上に残ることもあります。自分に悪意がなくても、ネットリテラシーがないがために炎上することもあるのが、ＳＮＳの怖いところです。

他にも、自分の顔写真が怪しい広告に勝手に使われてしまう、街なかで知らない人から声をかけられる、といった怖さが常につきまといます。

こうしたリスクを回避する方法は一つ、むやみに写真などの顔の情報をＳＮＳ上にあげないことです。そうすれば、日常生活に支障をきたす事態になるおそれもありません。

「顔を出さずに自己表現活動をしたい」

そういう人たちは、匿顔での活動を選んでいます。テキストで、音声で、あるいは2次元、3次元のアバターを使ったVチューバーとして、顔を出さないブランディングによって、顔出ししている人たちとは一線を画した表現活動をしています。

ただ、それでは物足りない、良い評価は欲しい、という人もいます。

今、ユーチューバー、ティックトッカー、インスタグラマーのトップクラスは、ほとんどが顔出しをしています。匿顔の人たちよりも、顔出しをしている人たちのほうが名前とともに顔も知られて、圧倒的に有利です。匿名はリスクを抑えている分、ファンの獲得も難しいのでしょう。

「ファンを獲得したい、良い評価は欲しい。でもネガティブな評価はされたくない」

時にマスクは、そんな人のニーズを満たすこともできます。**マスク姿でインスタグラムやティックトックに登場するインフルエンサーも増えています。**

アバターが外見を担うメタバース世界の登場

こうした状況も、次の段階、つまり、メタバースの台頭で、また大きく変わるかもしれません。

メタバースとは、インターネット上での３次元仮想空間のことを指します。メタバース内では、自分の分身となる「アバター」で活動をし、仮想空間の中で友達と集まったり、音楽を楽しんだり、買い物をしたりと、まるで現実世界と同じような体験が可能になります。もはや生身の自分の容貌は不問の世界です。

既に、オンラインＲＰＧ（ロールプレイングゲーム）では、人種、性別、年齢などの差別のない世界で、自分の個性を投影したアバターを使って話し、協力し、戦い、コミュニケーションがはかられています。

現在、５Ｇ（第５世代移動通信システム）と呼ばれる高速・大容量の通信サービスが始まっていますが、これがさらに次の６Ｇ、７Ｇと進めば、メタバースの世界はさらに拡大します。ヘッドマウントディスプレイやセンサーを使って、生身の人間の動きとアバターを連動させれば、実際にその場所にいるのと同じような感覚も体験できるでしょう。そうなれば、もはや現実とバーチャルの境はなくなるかもしれません。

不登校の子どもたちがメタバースの部屋で他の子どもたちと交流をはかることがで

きる、学びの場を提供する支援事業も始まっています。

スティーブン・スピルバーグ監督の2018年の映画『レディ・プレイヤー1』は、人々がほとんどの時間を仮想空間で過ごすようになる近未来を描いたSF映画ですが、主人公の生活はもはやバーチャルの世界がメインです。そこでは、自分はどんな見た目にもなれます。現実では冴えない人が、バーチャル世界のスターになることもあります。でも中身はその人自身。**アバターになっても、むしろアバターになったからこそ、重要視されるのはその人の「中身」となるのです。**

この映画はフィクションですが、実際こうなるのかも、と思わせるようなリアリティのある描写がいくつもちりばめられています。時代が進めば進むほど、人はより「中身勝負」となり、どれだけの価値を生み出せるかが問われるようになるでしょう。**メタバースは、「見た目9割」時代からの脱却かつ転換をもたらすかもしれません。**

「見せる」「隠す」を自由に選択できる時代

メタバースには、商業的にどれだけ成功するのかなど、未知の要素がまだ多いことは確かですが、こうして見てくると、時代の方向性は確実に「匿顔」に向いていると言えます。

コロナ以前は、わざわざ相手のところに出向き、「顔を見せる」ことが誠意ある礼儀として重んじられていました。そして、風邪でもないのに人と会う時にマスクをするなんて、もってのほか。マスクを着けたまま相手に対応することは失礼にもあたりました。

しかしコロナ禍を経て、マスクを着けて対応することがむしろ礼儀であり、相手の健康を慮（おもんぱか）る行為とされています。

コロナが流行してからの付き合いである取引先の担当者などの場合、「何度も打ち合わせているが素顔を知らない」といった人もいると思います。採用面接などでも、本人確認のために「マスクをはずしてください」と言われることもあるかもしれませんが、最初に「マスクを着けたままでよろしいでしょうか」と聞いて、相手が了承すればはずす必要のない場合もあります。

容姿をあまり意識せずに、お互いの性格やビジネススキルで認知し合うというのは、仕事においてはメリットが大きいかもしれません。それは、ビジネスにおいて、容姿は本来関係のないことが多いからです。

「ビジネスはまず、取引先に顔を覚えてもらうことから」と以前は、よく言われましたが、時代は変わってきています。今は取引先に、容姿に関する情報より先に、自分の内面の情報（人柄、知識、語学力などのビジネススキル）をアピールするチャンスが増えています。「これから何度も顔を合わせると思うと、担当者の顔が生理的に嫌なのは大きい問題」という理由で、商談が破談になるというような理不尽なことは確実に減るでしょう。「顔なんてほとんど見ることはないし、迅速で的確な対応をしてくれるほうが大事」となるはずです。

これまで、私たちが相手に見せたり隠したりをコントロールできたのは、内面の情報ばかりでした。どこに住んでいるか、どこで生まれたか、どういうキャリアを歩んできたか、どんな少年時代を過ごしたか、財産をいくら持っているか、誰のことが好きなのか。そういったことは、自分から話さなければ、身元調査でもされない限り相手に知られることもありません。一方、外見だけは対面すると、なかなか隠せませんでした。

これからは、外見の情報も内面の情報も、相手に「見せる」「隠す」を自由に選択

できる時代です。自分に関する情報を、その時々でカスタマイズしながら見せる。自分の価値の見せ方を変えることができるのです。

そしてマスクも「盛る」アイテムとして当たり前に

マスクのメリットは、見られたくない部分を隠す、つまり引き算していくことばかりではありません。「盛る」という足し算のメリットもあり、自分の価値を上げるアイテムとなります。

ここで言う「盛る」とは、外見レベルを実際よりもよく見せることです。第１章で紹介したような、美人化、イケメン化効果です。

「なんでわざわざマスクでそんなことを？」と思う人もいるかもしれません。でもよくよく考えると、これはそんなにおかしなことでもありません。これまでも私たちは、いろいろなアイテム（道具）を使って「盛る」ということしてきました。

カツラやサングラスは、まさに盛るために着けるアイテムとして、長らく親しまれてきました。種類も豊富に用意されていて、個々のニーズに合ったものを見つけることができます。広い意味で言えば、洋服、ブランドもののバッグや時計なども「盛る」ためのアイテムと言えます。

そして、化粧も同様です。ファンデーションで肌の色をよりきれいに見せる、口紅で唇の色をよく見せる、マスカラやまつげのエクステで目を大きく見せる。髪を染めて若く見せる。「盛る」ことで、自分をきれいに、カッコよく見せる。そしてそれ自体を楽しんできました。整形や脱毛も「盛る」ことの一つでしょう。二重まぶたにしたり、鼻を少し高く見せるといったプチ整形は、心理面でも費用面でも、若い人も手軽に行えるようになっています。

カッコよく見られたい、きれいに見られたいという心理は正常なもので、誰しも持っているものです。それが度を越して、「私のこの顔のパーツは周りの人から変に見えているんじゃないか」と不安になり、他人から見れば気にならないほどの小さな欠点が本人には重大な苦痛となってしまうことが過度になると、身体醜形障害に至るケースもありますが、「盛る」程度は、誰しもしていることです。

マスクも身近な「盛る」アイテムの一つになったにすぎません。マスク社会になっ

て日本の人たちは「マスクをすると意外に美形に見える」というメリットに気づいたのです。暗いコロナ禍で、なんとポジティブな発想ができるのかと、そういった感性に喜ばしいものすら感じます。

高齢者ほどマスクを着けると若返る

マスクを使った「匿顔」でマスクイケメン、マスク美人になれるのは、若者だけではありません。むしろ中年層、高齢者層こそ、なれるのです。

人間のシワは、年代によって広がり方が異なります。若い頃は、表情の変化でついたシワもすぐに元に戻りますが、年を取るにつれ、それが消えないシワとなって残るようになります。皮膚のたるみや、紫外線などの外的な要因で、年齢とともに生じるシワもあります。これには個人差もありますが、年代ごとに特徴があります[1]。

30代から40代にかけては、額のシワが数本、横ジワとして現れ始めます。50代から60代にかけてはそれがさらにはっきりと現れ、顔全体に皮膚のたるみ、目じりが下がり、口角が下がって口周りのシワも増加。70代からはさらにシワが増加し、その溝も深くなります。

顔のシワは、顔の上部（額）あたりから下部（口周り）に広がっていきます。50代ごろには顎にシワが出始め、60代からは唇の上（鼻の下）の縦ジワが目立つようになります。**つまり、顔の下の部分ほど、高齢者である特徴が現れやすいと言えます。マスクはこの部分を隠すので、50代、60代の人がマスクをすることで、一回り以上若く見られることも珍しくありません。**70代となるとどうしても他の身体的特徴から高齢者であるとわかってきますが、背筋をピンとして若々しく振る舞っていれば、大幅に若く見られることもあるのです。

◆文献

1　原島博・馬場悠男・輿水大和：ビジュアル 顔の大研究　丸善出版　2020年　P42－43

自己肯定感を生み出す「安心という土台」が大事

誰しも、自分の顔のどこかにコンプレックスを持っているものです。芸能人や身の回りの美男美女を見て、「自分もああいう顔だったらな」と思うこともあるでしょうが、その人たちもまた顔のどこかにコンプレックスを抱えているものです。人間の顔は、厳密には左右対称にはできていないし、生き物なので皮膚の表面はツルツルではありません。「完璧な顔」の人はいないのです。

ただ、中には病気や怪我で、顔に変形が見られるケースもあります。先天的、後天的問わず、顔に大きな変形が生じることを「可視的変形」といい、一般的なコンプレックスとは分けて考える必要があります。

交通事故に遭って顔の形が大きく変わってしまったというのも、可視的変形の一例です。30年近く前、タレントのビートたけしさんがバイク事故で右側頭部頭蓋骨陥没骨折、脳挫傷、右頬骨複雑骨折という大怪我を負いました。可視的変形を有したままテレビカメラの前に出てきた時は、多くの視聴者が驚いたものです。

堂々と人前に出られる人は稀です。たけしさんも心理的なトラウマを乗り越えて出て来られたのかもしれませんが、一般的には日常生活に支障をきたすほどの心理的な影響を受け、学校や職場に行きたくない、自己肯定感を持てないといった悩みを抱えている方が多いのです。

イギリスのチャリティー団体、Changing Facesの調査によると、可視的変形を有する人の割合は、人口の約０・９％（２００７年）だそうです。日本の人口に換算すれば、１００万人以上の人が、可視的変形を有していることになります。[2]

そうした人たちが、各々の悩みを乗り越えて、日常生活を取り戻すことは簡単ではありません。自分に自信が持てない、他人を避けたくなる。そうした自分の心の問題を解決したとしても、今度は学校でからかわれてつらい思いをすることもあります。

ではどうすればいいのか。

克服するのに重要なのは、「ポジティブな自尊感情」だそうです。例えば家族や友人など、自分の信頼できる人との関係をより深めることで、ポジティブな自尊感情を育めるそうです。

私はマスクも「ポジティブな自尊感情」を生み出すものだと思います。

一時的であっても、顔を気にせずに安心感を持って外に出られるのであれば、マスクで自分の顔を隠せばよいのです。大事なのは、自己肯定感を作り出すことです。そのツールの一つがマスクであった、ということだと思います。

私はよく、学校教員向けの講演などで、「子どもたちには安心の土台が必要である」といったことを伝えています。子どもをただ褒めるばかりではなく、そっと見守りながら応援をする。「たとえ失敗しても安心して戻れる場所」を作ってあげることが大切です。先生や保護者がその安心の土台となることで、子どもたちはさまざまなチャレンジをすることができます。マスクも安心の土台としての役割を少しでも果たすのであれば、着けていればよいと思います。

安心感や自己肯定感を持って生活できれば、精神的にはよい方向に向かいます。顔に関するコンプレックスを克服し、よりよい生活を実現するためのマスクの活用は、十分に期待できると思います。

◆**文献**

2　日本顔学会編著：顔の百科事典　丸善出版　2015　P320

異性に対する第一印象も内面情報に変化

外見至上主義と訳される「ルッキズム」の時代は、20世紀後半だという人もいれば、整形やアンチエイジングがさかんな今もルッキズム時代だという人もいます。外見で不当な扱いを受けたり、逆に自分でも気づかずに相手をルックスで判断していたりすることは今でもあります。しかし、ルッキズムという言葉が流行しているのは、多くの人がそれに違和感を持ち始め、内面重視の時代に移り変わろうとしているからではないでしょうか。

人は外見よりも内面だ。

それがきれいごとではなくなっていることを示すのが、婚活市場の変容です。

かつて女性が結婚相手に求める条件として「3高」という言葉がありました。2000年代にはもう古い言葉になっていたので、10~20代の方はもしかしたら、この言葉すら知らないかもしれません。3高とは、高学歴、高身長、高収入の3つを備えた人という意味で、3高の男性と結婚するのが「勝ち組」の女性とされました。

この言葉が流行語ではなくなった後も、3高条件は名残りとしてあったのですが、コロナ禍でまた大きな変化があったようです。

全国結婚相談事業者連盟が2021年12月までに行った調査によると、女性が結婚相手に求める条件について「変化があった」と答えた人は約22%。そのうち、「容姿・センス」を重要視していた人は、コロナ前からコロナ後にかけて減っています。[3]かわりに重要視されるようになったのは、「一緒に過ごす時間の居心地の良さ」「健康」「自分の家族を大切にしてくれる」といったことなどでした。結婚相談所という、第一印象がとても重要な場所で、見た目よりも内面が重視されるようになっているのです。

男性においても同じ傾向が見られ、女性と同じく「容姿・センス」を重要視する人が減り、居心地の良さや健康を重要視する人が増えています。

行動制限の多かったコロナ禍においては、人々の出会いの場が限られていたため、婚活もオンラインで実施されることが多かったようです。オンラインでもその人の容姿はわかりますが、実際に会う場合に比べれば情報が少なく、相対的に内面の情報が相手に伝わりやすくなっていたとも想像できます。

このように、内面から相手を知ることで、外見から入るよりも相手の容姿を許容しやすいのかもしれません。

ちなみに、お金持ちの人が、それほど容姿端麗ではなくても異性に好かれやすいのも、内面が評価されている分、外見に関しては許容されているからかもしれません。「お金にモノを言わせている」と批判されることもありますが、お金を稼ぐ力があることも、その人の内面的な魅力と言えます。例えば、顔の造作などが平凡でも、仕立てのよいスーツを着て、ジムやエステで顔やボディのメンテナンスにお金をかけていたら、素敵に見えることもあるでしょう。お金持ちと有名人の交際が発覚すると、「面白くない」という人もいるでしょうが、その人の内面から湧き出る魅力や努力している姿を見つけると、また違った印象を持つかもしれません。

◆文献

3　ＴＭＳホールディングスプレスリリース　「コロナ禍により、３高条件に変化！結婚相手に求める条件とは？」
https://prtimes.jp/main/html/rd/p/000000062.000010090.html

第2節　コミュニケーションにおける顔の役割

私たちが隠したい顔の範囲と役割

第1節では、主に顔を隠す「匿顔」について考えてみました。今や素顔を知らずにコミュニケーションをとるのは、珍しいことではありません。相手の素顔を知らずに交際している、一緒に仕事をしている、ご近所で挨拶をかわす、ＳＮＳ上で知り合って話をするということが日常的に行われています。

では、そもそも「顔」とは人間にとってどのような役割を持つものなのかを、ここでは考えたいと思います。生まれた時からあるものなので、深く考えることはなかったかもしれません。

『広辞苑』で「顔」を引くと、次のように説明されています。

目・鼻・口がある、頭部の前面。つら。また比喩的に、これに形が似た、物の面にもいう。

違う説明をする人もいるかもしれません。ただ、辞書ではこれ以外に説明のしようがないのかもしれません。

ではもう少し掘り下げて、考えてみましょう。顔は、いったいどこからどこまでを指すのか。首から上なのか、顎から上なのか、髪の毛の生えている部分は含むのか、耳は含むのか。

この問題を難しくしているのは、頭部という立体的なものを、顔という平面的なものに置き換えようとしているからかもしれません。『広辞苑』が「頭部の前面」と説明しているのも、顔というのが2次元的な捉え方をされやすいことを示しています。

このことを詳しく解説しているのは、人類学者であり、国立科学博物館名誉研究員の馬場悠男氏です。馬場氏は『顔の百科事典』（丸善出版）の中で、「意外にややこしい」としながらも、人体解剖学の見地から顔の範囲の特定を試みています。

それによると、顔の上部分は、額(ひたい)です。額といっても髪の毛の生え具合によって、どこが境界線なのかはわかりにくいのですが、「シワの寄る部分は顔」であるとしています。

顔の横部分の範囲は、上部分よりもわかりやすく、「頬から耳介まで」としています。つまり耳までは顔というわけです。下部分の範囲は、「顎の線」としています。

こうして顔の範囲を見てみると、その中には、目、耳、鼻、口、皮膚といった、五感（視覚、聴覚、嗅覚、味覚、触覚）を司る器官が集中していることがわかります。

なぜこれらが、顔の前面にあるのか。脳への情報伝達効率がよいからか、外敵から守りやすいからか、はたまた獲物を捕らえやすいからか。いろいろな説がありますが、一つ確かなことは、どれも生きるうえで大事な器官であるということです。口がなければ水や食事を体内に取り込めませんし、鼻がなければ自然に空気を取り込めません。目がなければ周囲の景色がわからず、耳がなければ音が聞こえません。

マスクは、これらの器官のうち、呼吸を担う鼻と口、そして顔の皮膚の大部分を覆

います。ウイルスだけでなく、ホコリや虫などからも守ってくれていることも、安心感を生み出す要因の一つと考えられます。

顔のメディア的な役割

どの動物も、頭部の前面に顔があります。顔を見れば、その動物の特徴がおおよそわかります。

肉食動物の口には鋭い牙があり、前方にいる獲物との距離感をつかむために目は顔の中央寄り（前側）に付いています。草食動物の口には、草をすり潰すための大きな臼歯が生え揃っていて、目は顔の左右寄り（横側）に付いています。周囲の危険を察知するために、視野を広げる必要があるからです。それが、人間が見て、肉食動物は怖そう、草食動物は優しそうという、顔の見た目の印象につながります。

自動車にも顔があります。

道路を照らすヘッドライトは目、車のシンボルでもあるエンブレムは鼻、個性を主張するフロントグリルは口、といったように、人間や動物の顔に見立てることもできます。自動車を擬人化したアニメキャラクターは、まさにそのような配置になっていることが多いでしょう。かわいい車か、威厳のある車か、といったことは、車の顔つきで判断されがちです。

人間の顔にも、個々の違いがあります。初対面の相手の顔を見て、「怖そうな人だな」「大人しそうな人だな」「面白そうな人だな」と感じることはあると思います。もちろん怖そうな顔でも優しい人はたくさんいますし、優しそうな顔でも悪いことをする人もいます。見た目と中身は必ずしも一致しませんが、私たちは、目の前の相手に何かしらの印象を与えていることは確かです。

匿顔の名付け親である原島氏は、顔をコミュニケーションメディアとして位置づけています。人間はもともとの顔の形だけでなく、豊かな表情でもコミュニケーションをとるからです。

「今私はとても嬉しいです」と言葉にしなくても、笑顔でそのことは伝わります。「不愉快だ！」と言わなくても、しかめっ面でそのことは相手に伝わります。表情で意味を補足することもあります。「困ったな」と言う時に、厳しい顔で言えばそれがかなり深刻なことが伝わりますし、笑いながら言えば、「しかたないな」と思って受け入れてくれている、または何となく解決策が見えていることが伝わります。

顔にある「目、耳、鼻、口、皮膚」といった器官は、外部からの情報の受信、そして外部への情報発信のためにも欠かせない器官で、「視覚、聴覚、嗅覚、味覚、触覚」という五つの感覚（五感）を担っています。周囲の様子を映像として目で確認し、耳で音を確認する。鼻でその場のにおいも感じます。口では言葉をしゃべり、食べて味覚で確認します。

狩猟時代には、それらの器官が危険を察知する受信機の役割を果たしていました。動物が近づいてくるのを、目で見るだけでなく、音で、においで敏感に察知する。肌でも気温や気圧、風の変化など、多くのことを感知していたでしょう。

文明の発達により、安全な環境で暮らせるようになった現代の私たちは、それらの機能を「楽しむこと」にも使っています。絵画や映像を鑑賞する。音楽を聴く。お香を焚いて、その香りでリラックスする。甘いスイーツを食べる。友達同士のたわいない会話を楽しむ。もふもふの柔らかいクッションを触って癒やされる。

また、五感のうち1つの感覚を失ったとしても、多かれ少なかれ、他の4つの感覚で得た情報で把握し、ある程度は危機を回避することも可能です。たとえ耳が聞こえなくなっても目から情報を得ることで代用でき、触れることができなくても、形状や材質を見て、それがなんであるかの判断ができます。

ですから、マスクで鼻、口を覆っても、顔に限って言えば、覆っていない目、耳、肌の一部を、互いにより意識して使うことで、口元が担っているコミュニケーション力を補うこともできるのです。

従来とは少し違う受信・発信形式に変わっていると自覚して、それに合った形で相手とコミュニケーションをとればよいと思います。マスクで表情が見えにくいのであれば、聞くほうに集中する。声がくぐもって聞こえにくいのであれば、文字にして伝えて、補えばよいのです。今の状況で最適な方法を見つけることが大切です。

顔の良し悪しは０・１秒で判断される

「この人の顔、私は好き！」

と、最初に思ったのはいつだったか、皆さんは覚えているでしょうか。

小学校？　幼稚園？

いいえ。実は乳児の頃から、人には好みの顔があるといわれています。理屈ではなく本能的に、私たちは人の顔を見極めているのです。

しかも、その判断は一瞬です。アメリカ・プリンストン大学の心理学者、ジャニン・ウィリス氏とアレクサンダー・トドロフ氏によると、**人は、見た人の顔を0・1秒で判断しているそうです。**[4] それは、その人の顔が美しいかどうかだけではありません。その人の性格、社会的な信頼度という、内面的な印象まで0・1秒で決定づけているそうです。

もともと顔というのは、一瞬で認識され、判断されるものです。ショッピング中に迷子になりかけている子どもは、周りの人たちの顔を一人ひとりじっくりとは観察しません。瞬時に見分けて、自分の親が見つかるまであたりを見回します。皆さんも子どもの頃に、迷子になった時、なりかけた時、親の顔を見てから「いた！」と判断するまでは一瞬だったと思います。

一人ひとりの顔は、その人であると識別するための重要な情報です。免許証、パスポートなどに顔写真が付けられているのはそのためでしょう。

「顔は、一瞬のうちに他者から評価される」

それは多くの人にとって、大きな不安要素ともなりえます。「この人の顔は好きな顔だ」と判断されるなら嬉しいでしょうが、「ちょっと苦手な顔だな」と一瞬で思われてしまうのは、なるべくなら避けたいものです。

◆文献

４　日本顔学会編著：顔の百科事典　丸善出版　２０１５　Ｐ２９４

「美人は３日で飽きる」説は本当か

人の顔は０・１秒で判断されるという心理学者の研究結果に、「本当にそれだけで判断されてしまうのか」という疑問を持つ方もいると思います。もちろん先ほどの０・１秒というのは、第一印象での話です。その人の顔の印象が、一生そのまま同じ、ということはありません。その人の顔も少しずつ変わりますし、自分の好みも変わります。

昔からよく言われる俗説に、「美人は３日で飽きる」というものがあります。果たしてそれは本当なのでしょうか。

早稲田大学国際教養学部教授であり、政治学博士である森川友義氏は、恋愛事情の研究も行っており、独自に「恋愛学」を確立しています。森川氏によれば、「美人は３日で飽きる」というのは、恐らく誰かが作った嘘であるということです。私もそう思います。美人はどうしても妬まれやすい存在ですから、ちょっとした笑い話の一つとして、広まったものかと感じます。

一方で森川氏は、美しさを「消費財」として捉えた場合は、経済学でいう「限界効用逓減（ていげん）の法則」が成り立つということも指摘しています。

限界効用逓減の法則とは、簡単に言えば、同じものを消費していればその満足度はだんだんと低下していくというものです。例えば最初の１口目は「おいしい！」と思える料理でも、２口目の「うん、おいしいな」は、１口目ほどの満足度はありません。３口目の満足度は２口目よりも下がります。こんな具合に、嫌いではなくなっても、満足度は下がっていくということです。

ひと目見て、「美人だ!」という人も、2回目は「やっぱり美人だな」くらいに、

その驚きは低下するかもしれません。さらに驚きが低下していけば、やがて「飽きる」ということも起こるかもしれませんが、そこまでずっと一緒にいる関係性であれば、容姿以外の部分も見えている頃です。人間は、見かけも大事ですが、やはり内面も大事になってくるということでしょう。

「匿顔」の生みの親の原島氏も、美人には３秒美人、３分美人、30分美人、３日美人、30年美人があると言っています。

一瞬すれ違っただけで美人に見える人、３分程度の会話をかわしている中で美人に見える人、30分話して自然な表情が美人に見える人、その人の価値観に触れることで美人に見える３日美人、最後の30年美人はもはや人生の伴侶としてさまざまなことを乗り越えてきたパートナーです。

性格美人という言葉もあります。明るくて、話しやすい。いつも優しい言葉をかけてくれる。その人の内面の美しさを見せられると、一瞬ドキッとすることもあると思います。

こうして考えると、顔には美醜があるものの、その時見た目だけで、その人自身の美醜が決まるわけではないと言えます。

アンドロイドで進む表情研究

人間は、さまざまな表情を持っています。他の動物も、相手を威嚇する時などに表情が変わったように見えますが、人間ほど喜怒哀楽をはっきりと表現できる動物は存在しません。**言葉が使えない状況でも、表情だけで会話が成立するほど、そのパターンは多彩です。**

人間が表情だけでコミュニケーションをとることができるのは、他の動物に比べて、表情筋が発達しているからです。人間には前頭筋、鼻筋、口輪筋、笑筋、頬筋など、数十以上の表情筋があるといわれています。私たちはさまざまな表情筋を無意識に使い分けて、自分の感情を顔に表しています。

近年、「表情筋」という言葉は認知度も上がっています。表情は、自分の感情を表す一方で、相手に与える印象にも大きな影響を与えています。ムスッとした表情をしていれば、相手からは警戒されるでしょうし、明るい表情をしていれば、相手も心を開いて接してくれます。自分でも気づかないうちに、マイナス印象の表情になっていることもあります。

美容機器メーカーのヤーマンが行った「表情筋実態調査２０２１」によると、「表情筋や自身の表情が気になる瞬間がある」と答えた人は64・５％。多くの人は、自分の表情が気になっているようです。そして、何らかの表情筋トレーニングをしているという人は約30％で、最も鍛えたい表情筋は口周りの口輪筋という結果も出ました。

口元が気になるのは、マスク生活との関係もあるかもしれません。マスクは、私たちの口元を隠してくれると同時に、口周りの表情が動かなくてもいい状況を作り出しました。

飲食店や公共施設では「会話をお控えください」とアナウンスされています。以前なら、友人と笑いながら話すことに、周りを気にする必要はありませんでした。しかし今は、なるべく話してはいけないという前提なので、友人との会話も、ボリュームを下げている人も多いでしょう。そんな中では、表情筋が動く頻度も下がります。特に談笑の機会が減ったので、家に帰って鏡を見ると、「ちょっと暗い顔になっている」と感じる人もいると思います。マスクの下で少し意識して動かしてみるのもいいかもしれません。

さて、この表情筋、コロナ禍で気になる人が増えているようですが、その研究自体は古くからされており、進化論で知られるダーウィンも１８７２年に『人間と動物における情動の表現』を発表し、表情が持つ機能について論じています。

最新の研究現場では、アンドロイドを使った表情の研究も始まっています。

理化学研究所の研究チームは、２０２２年2月、ヒトのように表情をつくれるアンドロイドを開発し、心理実験を行ったことを発表しました。[5] これまで、多くの企業、団体がアンドロイドの開発を試みてきましたが、表情筋の動きを正確に再現しようとしたものは珍しいでしょう。

「Ｎｉｋｏｌａ」と名付けられたアンドロイドは、眉を寄せたり、口角を上げたりすることで、怒りや嫌悪、恐怖、幸福や悲しみ、驚きなどの表情を再現しました。どれも本物の人間と同様の表情となっていて、驚くほどリアルです。

理化学研究所は、こうしたアンドロイドが将来的には介護現場で活躍することを期待しています。人手不足の介護現場では、心の通ったやり取りが不足するのではないかという懸念もあります。Ｎｉｋｏｌａのような、人間と同じ表情をつくれるアンドロイドが現場で活躍すれば、人々の精神的な安定にもつながるかもしれません。

◆文献

5　理化学研究所「ヒトのように表情をつくれるアンドロイドを開発」
https://www.riken.jp/press/2022/20220210_1/index.html

眉に表情が出る日本人

表情と言うと、目元や口元の動きをイメージする人も多いと思いますが、意外にも多くの役割を果たしているのが眉です。

額の下、まぶたの上にある眉は、ただ眉毛が生えているだけの場所ではありません。日本人は特に、この眉を使ってさまざまに表情を切り替えています。そのことを示すように、日本語には「眉」を使った慣用句が数多くあります。

怒って眉を上げる。不安を感じて眉をひそめる。機嫌が悪くて眉間にシワを寄せる。心配事が解消されて眉を開く。どれもその人の感情や気分、考えていることを示した言葉です。そもそも表情から心理を読むこと自体が「眉を読む」。まさに、眉にその人の内面が表れていることを知っているからこそ生まれた言葉でしょう。

眉が相手の感情を知るうえで重要な手がかりとなることを、日本人は昔から知っています。

平安貴族の眉は、おでこに描かれています。これは、もともとの眉を剃って、新たにそこに描いている、いわばフェイクの眉です。いわゆる「麻呂眉(まろまゆ)」です。これは本物の眉に自分の感情が表れるのを隠すためだといわれています。高貴な人間は、感情を表に出すべきではないとされていたからです。

現代においても、私たちは眉を剃ったり、描いたりして太さや長さを調整しています。その流行も、細い眉が好まれたり、太い眉が好まれたりと、数年単位で目まぐるしく変わっています。特に80年代、90年代は、太い眉から細い眉への流行のスピードが速かった時代でした。当時のドラマを観て、女優さんの眉を見ただけで、「これは80年代のドラマだな」「90年代のドラマだ」と見分けがつく人も多いでしょう。

眉に表情や主張が込められるのは、日本人の特徴かもしれません。

ＡＩはオンマスクでも顔認証できる

「オンマスク」という言葉を耳にします。

マスクをずっと着けているわけではなく、マスクをずっとはずすわけでもない。状況によってオンオフを切り替える。マスクはそういうものだという前提でこの言葉が使われているのだと思います。

ただ、オンとオフの切り替えが頻繁に必要になるケースがあると、さすがに不便を感じることがあると思います。

例えば、ｉＰｈｏｎｅにはユーザーを顔で認証する「Ｆａｃｅ ＩＤ」という機能が搭載されていますが、頻繁に顔認証機能を使う人にとって、マスクの着脱は面倒です。通勤電車でポケットからｉＰｈｏｎｅを取り出して、マスクをはずして顔認証、というのは、狭い車内では動作としてもやや目立ちます。

そこで、マスクをしたままでも顔認証ができたほうが便利だろうということで、このＦａｃｅ ＩＤは、２０２２年３月から、マスクを着けた状態で顔認証ができるように機能強化されました（ただしｉＰｈｏｎｅ 12以降の機種でしかできないようです）。[6]

２０２１年に行われた、東京２０２０オリンピック・パラリンピックでは、競技会場に入る大会関係者、報道関係者の本人確認のために、日本電気（ＮＥＣ）が開発した顔認証システムが導入されていました。この時は、マスクをはずして本人であることの確認が行われていました。わずか1年足らずで、業務向けでなく個人が持つ携帯端末で新機能が搭載されるのは驚くべきことです。

ＦａｃｅＩＤの新しい顔認証機能は、「マスクを着けたままでは顔がよくわからない」といった声を真っ向から否定しています。もちろん、ＡＩの判断技術と、人間が見ての判断力とでは、大きな差があります。精緻な判定はＡＩのほうが遥かに得意でしょう。**しかし、マスクを着けていても、目元や眉、額など、見えている部分だけでその人であることを認識できることを、技術的には証明していると言えます。**

◆文献

6　ＷＩＲＥＤ「マスクを着けたまま『顔認証』でｉＰｈｏｎｅのロックを解除する方法」
https://wired.jp/article/how-to-unlock-iphone-with-face-id-and-face-mask/

安部公房『他人の顔』に見る顔の役割

人間の顔は、これからも個人を識別する情報として使われ続けることは間違いありません。免許証やパスポートという公的身分証明書だけでなく、ＩＴの力でスマートフォンの顔認証に、施設などの入館証明に、顔が使われるケースは増えるでしょう。しかし、人は本来、何をもって人を識別するものなのか。安部公房の小説『他人の顔』には、その本質が描かれています。

化学工場での爆発事故に巻き込まれた主人公は、重度のケロイド瘢痕により、自分の「顔」を失います。この時失ったのは顔だけではなく、自ら、職場での人間関係、妻との関係も失う方向に向かっていきます。

主人公はやがて、特殊な仮面を作り、他人の顔で街に出るようになります。そして他人として妻を誘惑し、関係を持つようにもなります。主人公は、自分という夫がいながら他人（仮面を着けた主人公）と関係を持つ妻に対して不信感を覚えます。しかし、妻は最初から、それが自分の夫であるということに気づいていた、というストーリーです。（実はもう一人、主人公を「見た目」ではなく認識していた人物が出てきます。映画では若かりし日の市原悦子さんが演じていますので、興味を持たれた方はぜひご覧ください。）

この小説は今から60年近く前に発表されたものですが、今読んでも多くの示唆を与えてくれる作品です。顔とは何なのか。自分そのものなのか。人は自分の何を見て自分と認識しているのか。他人の顔を借りれば自分ではなくなるのか。

主人公の妻は、夫の骨格や筋肉、指の形、声、しゃべり方、仕草、においなども「夫」のものと認識していたのでしょう。そこに妻の愛情の深さを感じます。

性格や考え方、好きなもの、嫌いなもの、賢さ、記憶なども、その人そのものを示しています。つまり顔が別の人のものに変わっても（アバターなどで別の姿になっても）、その人らしさは周囲の人に伝わるものでしょう。

匿顔の時代にこそ、この前提を理解したうえで他者とのコミュニケーションを見つめ直すべきかもしれません。

第３節　「見た目」を隠すことを好む日本人

扇子で口を隠していた平安時代

ここからは日本における「匿顔」の「匿」にあたる「隠す」文化について、考えてみたいと思います。

コロナ禍において、日本では大多数の人がすんなりとマスクを受け入れたのに対して、欧米諸国では「口を隠すのは嫌だ」という人たちがマスクをなかなか着けようとせず、一時、スペインやドイツ、イタリアなどは着用の義務化に踏み切りました。アメリカも、一部の州や公共交通機関で着用が義務化されました。日本でも義務化の議論はありましたが、任意でも多くの人が着けていたので、義務化する必要はありませんでした。
欧米の人たちが口を隠すことを嫌がり、マスク着用が定着しなかった理由は、文化、宗教、生活習慣などさまざまな角度から探られていますが、はっきりとした理由はわかっていません。ただ、今回の騒動で、日本と欧米のマスク受け入れの意識の違いが浮き彫りとなりました。

一方、**口を隠すことに抵抗のない日本人には、もともと「口を見せるのがはしたない」という文化があります。**

例えばご飯を食べる時に、大口を開けながらバクバク食べていると「みっともないからやめなさい」と注意されます。ご飯を口の中に運ぶ時だけ口を開け、閉じて嚙むのがマナーです。

女性が笑う時にも、口を開けて大笑いするのは良しとされて来ませんでした。笑いそうになったら、咄嗟(とっさ)に口元を手で覆い隠し、口を見られないようにして笑う。それが上品な笑い方とされ、その所作が身についている人は少なくありません。

これは私たちの祖先がそのような文化を築いてきたからです。

そして平安時代、身分の高い人は、顔を隠すために扇子を使っていました。これも、口元を隠すためだったと言われています。なぜ隠すのか。それは、特に女性は人前に顔を出すものではないという、当時の人たちの価値観があったからです。普段は屋敷の奥にいて、姿を見せない。それでも外出の必要があれば、扇子や袖などで顔を見せないようにするのです。よく、当時の時代劇などで、高貴な人が御簾（みす）越しに話すシーンがありますが、それも顔を見せないようにするためです。とにかく「見せない」ことを徹底していたのです。上流社会で主に女性の外出時に用いられた市女笠（いちめがさ）も、日差しを避けるだけでなく、顔を見せないようにする役割があったといわれています。

また、14世紀以降に、その存在が確認できる忍び、いわゆる「忍者」は、顔を見られないように口元を隠しています。忍者はその存在自体が表に出るものではないので、意味合いは異なるかもしれません。ただ、表に出る武士もまた、口元を隠していたと考えられています。

それは決して、何か道具を使って物理的に隠していたとは限りません。表情を崩さないことで、口元を隠していたのです。

「武士は三年に片頬」という言葉があります。「男は三年に片頬」とも言います。武士（男）は、三年に一度、片側の頬が動くくらいの感情表現でちょうどよいという意味の言葉です。

普段から笑っている人は、性格のよい人に見えますが、その分、ひょっとしたら威厳は損なわれるかもしれません。今の時代なら、男性も笑っていたほうが好まれるでしょう。しかし歴史的には、「武士たるもの」「男らしく」といった価値観の時代が長く続いてきたこともあり、欧米の人たちからは「日本人はあまり表情がない」と言われがちです。

アジアの人たちから見ても、日本人はあまり表情の変化がない国民だというイメージがあるそうです。それは戦時中、部分的には武士の文化を引き継いでいた日本兵が、感情表現を抑えながら任務にあたっている姿を見ていたからかもしれません。

笑顔が一般的になった今では、逆に笑わない人が珍しがられることもあります。2019年のラグビーワールドカップで活躍した稲垣啓太選手は、「笑わない男」としてメディアに注目され、日本代表チームでも屈指の人気者となりました。「男らしく」というのは、今の時代には逆行する価値観かもしれませんが、稲垣選手の個性として、多くの人には魅力的に映っていました。

「表情を隠す」という日本文化は、今の時代にも時に、好ましいものに捉えられています。

日本人が隠したいのは唇？

明治時代の文明開化、そして戦後の高度成長を経て、日本には欧米文化が大量に流入してきました。生まれた頃から欧米文化に慣れ親しんできた私たちですが、欧米の人たちほどオープンな性格になったわけではありません。日本では明るく快活で、いわゆる「陽キャ」な性格な日本人でも、欧米に行けばおとなしい日本人の一人になってしまう。留学あるある、海外赴任あるあるとしてよく語られる話です。

ではなぜ日本人は、欧米人のように開放的になれず、特に口を隠したがるのか。

口の中でも唇には特別な機能があると考えられています。水を飲んだり、ご飯を食べたりするだけなら、唇は特に必要のない機能です。唇は何のためにあるのでしょうか。

一説では、それは赤ちゃんが母乳を飲む時に、お母さんの乳に吸い付きやすくするためだといわれています。ただ、それだけではありません。**人間の顔の一部として、唇はその後も意味を持ち続けています。その意味の一つが、セックスアピールとしての唇です。**

例えば海外のグラビアモデルの写真では、女性の唇が鮮やかな色の口紅で、色、ツヤともに強調されます。見る角度、形を変えることで、唇は魅力的な表情を作り出しています。「キスマーク」というのも、単に唇の形を模写したものとしては捉えられず、そこには性的なメッセージが込められていると解釈されます。

せっかくのアピール材料となる唇は男女ともに、隠すべきではない。欧米人のマスク嫌いは、そんな感情から来ているのかもしれません。

一方、**「品格」「清純さ」を良しとする風潮がいまだ残る日本では、公衆の前では「唇を隠す」ことを受け入れたのではないかとも考えられます。**

隠されたものを想像するところに趣を見出す日本文化

日本人はおおっぴらにすべてを見せることをあまり好まない傾向にあります。全体の少しだけ見せる。特別な時だけ、特別な人にだけ見せる。そのチラリズムが、文学、絵画、音楽、すべての表現において好まれています。**「わかりやすさ」を良しとしない文化が日本にはあると思います。**

例えば俳句は、作者が見ている世界すべてを描いているわけではありません。

「古池や　蛙飛び込む　水の音」

松尾芭蕉の有名なこの一句も、何が素晴らしいのか、欧米人には理解しづらいかもしれません。蛙が池に飛び込んで、水の音がした。ただその事実しか描かれていないので、物足りないという人もいるでしょう。

しかし日本人は、この短い言葉から、いろいろな想像をして楽しみます。季節、場所、風景、作者の感情。それらすべてを言うのは風情がありません。制限された中でこそ、そこはかとない、洗練された作品が生まれるものだと考えられています。

日本人は、「はっきりと言わないから何を考えているのかわからない」と諸外国から指摘されることがありますが、**それは日本人同士では、はっきりと言わなくても感じ取れる内面的な賢さ、豊かさを持っているからだとも言えます。**いろんな場面で「みなまで言うな」という風潮もあり、過剰な説明は無粋だと取られてしまいます。

人間同士の関係も、「阿吽の呼吸」でうまくやっていければそれが理想的であり、いちいちすべてを言わなくても通じ会える関係のほうが長続きするような気がします。

「ぶぶ漬けでもどうどす？」に残る、日本人の本音隠し

「ぶぶ漬けでもどうどす？」

京都では、お茶漬けのことをぶぶ漬けと言い、京都では、友達の家にお邪魔してこのようなことを言われたら、「そろそろ帰って」という意味であるという話を聞いたことはないでしょうか。実際京都の人に聞けば、「そんなことはない」と言われるので、お茶漬けはおいしくいただいて問題ないでしょう。ただ、この逸話が広まったのには、日本は「本音が隠された中で空気を読む」ことが重要視される文化であるからではないでしょうか。**相手の裏の意図をくみ取ることができない人は、社会でなかなかうまくやっていけない。そういうところが日本社会にはあります。**

コミュニケーションを円滑にするために、本当は思ってもいないのにお世辞でその

人を褒めたり、本当は嫌な思いをしているのに「気にしていない」と平静を装ったりすることは、皆さんもよくあることでしょう。

「場」の空気を読まないと、コミュニケーションで事故が起こります。見たもの、聞いたもの、それをそのまま鵜呑みにしてはいけないというのが、日本式のコミュニケーションの基本中の基本と言えます。

それは海外の人からすれば、とてもわかりづらいことだと思います。「Ｗｈｙ　ジャパニーズ　ピーポー？」でブレイクしたお笑い芸人の厚切りジェイソンさんは、空気を読めない外国人の生きづらさをおもしろおかしく見せてくれていますが、日本人でもたびたび「Ｗｈｙ」と思うことがあるので、共感もされるのでしょう。

海外の企業との取引で、こんな日本式コミュニケーションをしていたら、勘違いが起こることもあるでしょう。**相手のしぐさ、視線、声色などから状況を判断して、相手に合わせて、必要な時には本音を表すという切り替えが必要でしょう。**

日本とはちょっと違う、外国にもあった隠す文化

ここまで、日本の「隠す文化」について述べてきましたが、諸外国では隠さないのかというと、そうではありません。海外にも隠す文化はあります。ただそれは違った意味・形で隠されています。

海外で「隠す文化」といえば、イスラム圏の「ヒジャブ（ヘジャブ）」が有名です。ムスリムの女性がヒジャブで髪や肌を隠すのは、美しいものを隠して、女性を守ることが目的なのだそうです。抑圧の象徴として語られることもありますが、もともとはそういった意味があります。

キリスト教のカトリックのミサや結婚式では、女性はベールをかぶります。これにも諸説ありますが、洗礼を受けて信者になったことを示すためのものであるようです。

そして、欧米でのマスクには、暗い意味が隠されています。先ほど欧米人はマスクを嫌うと言いましたが、実は欧米人にとって、マスクは奴隷文化を想起させるもので

もあります。奴隷はそもそも話すことが禁止されています。自分は奴隷じゃないからマスクをしたくないというのが、欧米人の心理にはあるのかもしれません。

これは日本で入れ墨（タトゥー）が一般化しなかったことと背景が似ています。日本での入れ墨は、罪人の証として使われていた歴史があり、江戸時代中期には軽度の盗犯の刑罰に入れ墨が採用されていました。反社会組織の人たちが背中に入れている印象も強いかもしれません。海外ではファッションの一部として受け入れられていますが、日本ではまだ抵抗のある人が多いようです。

罪人の証なのか、ファッションの一部なのか。マスクと入れ墨は、日本と欧米で逆に意味を持ちつつ同じ役割を果たしているのかもしれません。

このように「隠す文化」は世界中で見られるものですが、日本独自の美意識のもとで「隠す」文化が発展してきた歴史があります。何でも欧米に合わせて真似をする必要はありません。伝統的な日本文化をやめる必要はないと思います。

日本は海外から進んだものを取り入れて、それを独自に融合させ、発展させてきた文化的背景があります。文字も宗教も工芸品も、もともとは海外から入ってきたものがほとんどですが、どれも日本らしい形に変容して定着しています。
マスクも、日本らしい扱い方が生まれ、いずれ定着していくのではないでしょうか。海外に合わせて無理にはずす必要もなく、時代の流れに任せればいいと思います。歴史的に見れば、マスクを着けるか着けないかなどは大した変化ではないのです。隠すアイテムは使ってきた歴史があるわけですし、ちょんまげを断髪して髪形を変えた時ほどの変化ではないでしょう。

苦しい環境下でも社会変化に応じて文化を変える「適応力」は、日本人の誇れる特長ではないかと思います。

★「匿顔」のメリットを効果的に使うことが重要。

★相手にマスクをはずすように強要するのはハラスメント。

★外見も内面も自分で「見せる」「隠す」が選択できる時代になった。

★日本人の、社会変化に応じて文化を変える「適応力」は素晴らしい。

第3章

今まで辿りつけなかった世界につながれる！新時代のコミュニケーション

第1節
一層高まるノンバーバル・コミュニケーションの重要性

ジョブズも効果的に取り入れたノンバーバル・コミュニケーション

前にご紹介した2005年のベストセラー『人は見た目が9割』は、「外見が9割」という内容ではなく、アメリカの心理学者、アルバート・マレービアン氏の実験結果の「人が他人から受け取る情報の割合のうち、『話す言葉の内容は7%にすぎず、残りの93%は言葉以外の表情やしぐさなどのノンバーバル・コミュニケーションが影響している』ことをテーマとした本でした。ノンバーバル（nonverbal）とは、「非言語」、つまり言葉を使わないコミュニケーションのことを指します。

私たちは通常、バーバル（言語）で相手とコミュニケーションをとっていると思いがちです。言語こそが、他の動物にはない、人間の特別な機能という前提があるからかもしれません。ただ実際には、私たちは言葉を使いながらも言葉以外でもコミュニケーションをとってきました。

例えば目の前の相手に物事を説明する際に、身振り手振りを交え、相手の目を見ながら（話を理解してもらえているか観察しながら）感情をのせて話したほうが、より正確に自分の考えなどが伝わります。その時、話の抑揚や区切り方、話すスピードなども大事です。文字の羅列を棒読みしても、相手にうまく伝わりません。伝わらないだけならまだしも、違ったメッセージが伝わり、不快な思いをさせてしまったら大問題です。

例えば悲しそうな顔で「ごめんね」と言えば、相手に「本当に謝っているんだな」と伝わります。しかし、ふてくされたような顔でそっぽ向いて「ごめんね」と言っても、相手は「この人、口で謝っているだけで、心の中では全然謝っていないな」と思うでしょう。

ビジネスシーンにおいては、アップル創業者のスティーブ・ジョブズ氏のノンバーバル・コミュニケーションが有名です。

彼がプレゼンをする映像や写真を、見たことのある人は多いと思います。彼はいつも、身振り手振りを交えながら、ｉＰｈｏｎｅなどのアップル製品の魅力を語っていました。それだけではありません。ステージ上を歩いたり、立ち止まったり。その一つひとつの動作が、言語以外のメッセージ、ノンバーバル・コミュニケーションだったのです。

また彼は、いつも同じ服を着ていたことでも有名です。黒のトップスはモックネックと呼ばれる、ネック部分が少し高くなっているもの。それにジーンズとスニーカーを合わせた、ごくごくシンプルなファッションです。大富豪のイメージからはかけ離れた見た目です。

普通なら、毎日同じ服を着ていると、

「ファッションセンスがない人と思われないか」

「服を買うお金がないと思われないか」

と、心配になると思います。

しかし彼は、そんなことを気にする様子もありません。彼には同じ服を着る理由がありました。それは、毎日同じ服を着ることにより、決断回数を減らすというものです。私たちは毎日、「今日はどの服を着ていこうか」と悩みます。その日の天気、出掛ける場所、以前と同じ服ではないか、といったことを考えるのは、思いのほか頭を使っているものです。

人間が1日に決断できる回数は最大3万5000回という、ケンブリッジ大学のバーバラ・サハキアン教授による研究結果もありますが、経営者でもあるジョブズ氏は、その判断リソースを温存するために、毎日同じ服を着ていたのです。彼に影響されてか、日本の起業家にも、毎日同じ服を着るという人が少なくありません。

この「毎日同じ服」というファッションも、自分の考え方という中身を相手に示すコミュニケーションの一種です。「私は慣習よりも効率を重視している人間である」ということが、言葉を使わずとも相手に伝わりやすいと思います。

コロナ禍を経て、容姿などの外見情報の重要度が低下し、「見た目9割ではない」と気づいた人たちは、これから自分の思いや考えをどのように人に伝えればよいでしょ

うか。おそらく新しい自己表現方法が必要になってきます。そして、**情報を受け取る側は、内面情報をキャッチする力が求められるようになります。**

その時に、人間同士の円滑なコミュニケーションのカギを握るのが、アイコンタクト、声質、しぐさ、動作、声掛けのタイミング、ファッションセンスなどのノンバーバルな要素です。もちろん、バーバル・コミュニケーションにおける、言葉遣い、言葉選びのセンスなども大事ですが、**マスクで表情がわかりづらく、声が聞き取りにくい中で、ノンバーバル・コミュニケーションの重要度がより高まっています。**

顔の表情の信頼度は意外に低い

コロナ禍でのコミュニケーションについての文化庁調査によると、**マスク着用で話し方や態度というノンバーバル・コミュニケーションが変わったと答えた人は6割を超えたそうです。**[1]

詳細は複数回答で、「声の大きさに気をつける」が74％、「はっきりした発音で話す」が58％、「相手との距離に気をつける」が45％、「相手の表情や反応に気をつける」が

40%。また、オンラインで気をつけていることを聞いたところ、「自分が話すタイミング」が58%、「はっきりした発音」が54%、「ほかの人の話を最後まで聞く」が40%だったとのことでした。

先述した竹内一郎氏の『人は見た目が９割』でも紹介されているように、表情は、他人から受け取る情報の中でも、最も重要とされている情報です。他人から受け取る情報の55%が表情だというのですから、半分以上は表情から受け取っていることになります。

しかしここで注意が必要です。果たしてその情報は信用できるのか、です。**たくさんの情報を得ていることと、その情報が信用できるかということは、全く別の話です。**

竹内氏は同書の中で、動物行動学者のデズモンド・モリス氏の、人間の動作の信頼尺度に関する説を引用しています。それによると、**人間の動作の中で最も信用できない動作は「言語」で、それに続くのが「表情」だそうです。**

それよりも信頼できるのは、手の動きや、その人の姿勢、足の動き。そして最も信頼できるのは、自律神経信号。汗をかくことや、動悸が激しくなることです。

よくテレビのバラエティ番組などで使われているウソ発見器などは、こうした自律神経系の情報をたよりにしています。発汗や脈拍、呼吸は、嘘をつけない。そこに変化があれば、その人は嘘をついている可能性が高いというわけです。

もちろん、ウソ発見器が、正確とは言いきれません。機器の精度、質問の仕方によっても結果は変わります。日本の警察でも「ポリグラフ検査」と呼ばれる形でウソ発見器が使われ、刑事裁判でも証拠資料として採用されていますが、ポリグラフ検査の結果だけで有罪とすることはできません。あくまで、人間の中では最も嘘をつきにくいのが自律神経系の動きであって、そこに変化があったからといって100％断言できることはないのです。

「自分の目で確かめたから確か」という考えは、時に誤解を生むのです。

このような信用度の並びの中で、**「言葉」の次に信頼できない「表情」を、私たちは大いに参考にしてきたということです。**相手が笑顔だからといって喜んでいるとは限らず、泣いているからといって本当に悲しんでいるとは限らないのに、です。

癖や性格を知り尽くしている、家族や親友であれば、情報としての表情の信頼性は高いと言えるでしょう。「今日は機嫌がいいな」「嫌なことでもあったのかな」といったことを、微妙な違いから感じ取ることができます。

しかしそこまで親しい付き合いではない人の表情から、その人の内面や心のうちを読み取ろうとする際には注意が必要です。**相手の表情だけを見て判断しない、決めつけない。あくまで参考情報の一つにとどめるようにしないと、誤った受け取り方をしてしまいます。**

◆文献

1　ＮＨＫニュース「マスク着用で話し方や態度『変わる』６割超 文化庁が初の調査」
https://www3.nhk.or.jp/news/html/20210924/k10013274651000.html

ノンバーバルを感じ取る、見る・聞く・想像する力のなさがトラブルの元

情報を伝える側と受け取る側の双方にとって、記憶、知覚、注意、言語理解、判断・推論などの認知機能は、すべての行動の基盤です。しかし、間違って伝わったり、一

部しか伝わらなかったりすることも多いから対人関係でのトラブルはつきません。**トラブル回避のためには、受け取る側の「見る力」「聞く力」「想像する力」を養うことが大事です。**

私は少年院で、「見る力」「聞く力」「想像する力」が弱くて、話を聞き間違えたり、場の空気を読めないせいでトラブルを起こしたり、非行につながってしまったりした多くの少年たちに会いました。

少年院内では、「あいつが自分の顔を見て笑って、イライラする」という訴えがよくありました。彼らの多くは、「たまたま他のことで笑っていただけかも」とか、「思い出し笑いをしていただけかも」と別の可能性を探ることをあまりしません。こうしたことを考えると、情報発信側も誤解されないための工夫をする必要を感じます。自分の気づかないところで、思いもよらない捉え方を誰かにされることもある、ということを認識しておくだけでも、違います。

ある少年が、「相手がにらんできた」と言うので、その相手に聞いて確かめたところ、まったく何のことかわからないということもありました。

これは表情をしっかり読み取れない、「見る力」や「想像する力」の弱さが影響しています。誰かの独り言を聞いて「俺の悪口を言っている」と思い込むのは「聞く力」の弱さも関係しています。

また、先生の言っていることが聞き取れなかったり、理解できなかったりしても、先生に小言を言われるのが嫌でわかったふりをしていた少年もいました。「聞く力」が弱いばっかりに、そうした態度から周囲から「やる気がない」「ウソつき」と誤解されていたのです。

また、少年たちは何に対しても「イライラする」という言葉を使いがちでした。悲しいことがあった時にも「イライラした」と表現します。感情を表す言葉を「イライラ」しか知らないようでした。これは極端な例かもしれませんが、**相手が自分と同じ感覚で言葉を使っているかどうかも疑わしいことがあるのです。**

耳と鼻は閉じられない、重要な情報収集器官

私たちの顔についている、目、耳、鼻、口といった情報収集器官は、コミュニケー

ションにおいてそれぞれ多様な役割を持っています。

能楽師のワキ方として活躍する安田登氏は、古代文学の研究にも熱心で、『身体感覚で「論語」を読みなおす。』（春秋社）、『身体能力を高める「和の所作」』（ちくま文庫）など、身体知にまつわる書籍も出されている方です。

能楽師という伝統芸能は、稽古に稽古を重ね、身体知を使った芸の一種です。身体知とは、一言でいえば身体を使った知のことです。

例えば私たちが「感性を研ぎ澄ませる」「コツをつかむ」といった時に、頭はほとんど使いません。身体を使って、知を得ようとしています。子どもの時に自転車に乗れるようになった人は、大人になって10年ぶり、20年ぶりでも自転車に乗ることができます。身体が覚えているから、つまり身体知を使っているからです。

安田氏は、『あわいの力「心の時代」の次を生きる』（ミシマ社）の中でそれをこう述べています。

◆◆◆

「みる」と「きく」の違いは何かというと、「みる」器官（目と口）は自分の意思で閉じることができるのに対し、「きく」器官（耳と鼻）は自分の意思では閉じられないというところにあります。

口で「みる」、鼻で「きく」というのは、ここでは口を使って「味をみる」、「鼻が利く」という意味です。

確かに口と目は、自分で閉じることができます。見たくないもの、入れたくないものは、自分でブロックできるというわけです。

しかし耳は自分の筋肉で閉じることはできません。耳栓でもしない限り、音は勝手に入ってきます。鼻も、ぴくぴくと動かす程度はできますが、鼻の筋肉だけで閉じてにおいをブロックすることはできません。

この観点は非常に興味深いと思います。

においと音という鼻と耳から入ってくる情報は、遮断できません。これは命に関わる情報が多いからかもしれません。

鼻では、接近する危険動物のにおいや、腐った食べ物のにおいを、察知することができます。おそらく私たちの祖先は、私たち以上に鼻を使っていたはずです。現代でいえば、ガス漏れにはガスにつけられたにおいで気づくことができます。排泄物のにおいが「いつもと違うな」というのも体調の変化に気づくための黄色信号です。
耳では、雨や風の音、川の増水、危険動物の鳴き声、不審者の足音などを察知できます。現代でいえば、消防車などの緊急車両、警報機などは、音で緊急性を伝えてきます。

一方、私たちが自分で意識して閉じることができる目と口。こちらは、嫌な情報を自分でブロックできます。恐ろしいもの、気持ちの悪いものなどを見たくない場合、目を閉じれば、恐怖や不快感から逃れることができます。話したくない、食べたくない時は、口を閉じれば「口は災いの元」と話さず、食べずに済みます。

ただ、目と口が、先ほどの鼻と耳と大きく異なるのは、「発信ができる」ことです。チームスポーツなどでは、一瞬のアイコンタクトを送って味方にパスを出すことがあります。目の前の話し相手に対しても、目の動きを使って今の感情を表現することがあります。異性の気を引くために色目を使うことを「秋波を送る」というように、目で自分の好意を知らせることもできます。

口については言うまでもなく、そこから声を出し、メッセージを発信できる器官です。

こうして見ると、基本的には24時間オープンの鼻と耳は、人間にとってより防衛的な機能を有しているのではないかと考えられます。もし鼻や耳が、疲れたら閉じる、寝ている時は閉じる、といったものであれば、人類は生き延びることができなかったかもしれません。

ここで、耳からの得る情報について、もう少し考えてみましょう。

高まる音声への期待

読者の方の中には、21世紀生まれの方もいらっしゃると思いますが、昭和生まれの人にとって、メディアの進化は映像の進化でもありました。

テレビは白黒からカラーに、ブラウン管から液晶へと移り変わり、画質もハイビジョン、フルハイビジョン、４K、８Kと段階を踏みながら進化しています。映像の記憶媒体も、ビデオテープ、ＤＶＤ、ブルーレイと、時代とともに進化してきました。今では記憶媒体すら持たず、サブスクリプションの動画配信サービスで映画を観る時代です。

こういった時代の進歩を目のあたりにした我々世代は映像こそがメディアの最先端

といった印象もありますが、そんな中、近年注目が高まっているのが、「音声」です。メディアの歴史を見ていくと、テレビよりも先にラジオが普及しており、旧メディアというイメージはあると思います。

「映像が高画質になったこの時代に、今さら音声？」

と思われるかもしれません。

しかしラジオは、テレビ黄金期、インターネットの隆盛を経ても、消えていません。オーディオブックやポッドキャストの音声番組という新しい音声ツールが若者を中心として浸透してきています。それは、音声メディアならではのメリットがあるからです。

例えば**音声メディアなら「ながら聴き」ができます。**映像メディアは、映像に集中していないといけません。そこから目を離せないのです。しかし音声メディアは、運転しながら、家事をしながら、子どもの面倒を見ながら聴くことができるので、時短の時代にこそ、生活者と相性のいいメディアとも言えるのです。

最近はスマートスピーカーと呼ばれる音声デバイスも販売されています。音声認識機能を使って、「今日の天気を教えて」「いま流行っている曲を流して」と話せば、それに対する結果を返してくれます。アマゾンの「Amazon Echo」などは、それに話しかけるだけでショッピングができます。わざわざスーパーやドラッグストアに行かなくても、「トイレットペーパーが欲しい」と言えば、家まで届けてくれるのです。

自動運転開発を進めるテスラの車には音声認識機能が付いていて、ミラーやワイパーなどを、音声コマンドからも操作できます。従来カーナビや空調などは、一旦ハンドルから手を離さないと操作できませんでしたが、音声コマンドがあればハンドルを持ったまま、視線を前方の道路に向けたまま、操作できます。安全面を考えれば、今後音声機能を搭載する車両は増えるでしょう。

ライブ配信サービスのツイキャスでは、リスナーに演奏や話に集中してもらうために動画ではなく音声と静止画像だけの「ラジオ配信」という形式を選ぶ人たちもいます。**音声情報の発展は、私たちが想像しなかった世界でのコミュニケーションを広げる可能性を秘めています。**

私たちはスマートフォンを手にしたことで、朝起きてから夜寝るまで、常に文字情報や映像を目にするような生活をしています。言語情報は、文字として視覚的にも入ってきます。

しかし一日中スマートフォンを見ていると、絶えず情報を処理しているために脳の前頭前野が疲労してしまうのです。最近聞かれる「スマホ脳疲労」とはまさにこのことで、物忘れや意欲の低下、判断力の低下を招く原因になっています。視覚から情報を取り続けるのは実は大きな負担で、私たちはこうした視覚情報の接触を、今よりも減らしたほうがいいかもしれません。

ニュースを、テレビやネットではなくラジオで聴く。読書は本ではなくオーディオブックで聴く。人の話なども、目を閉じて耳を澄ませたほうが、集中してよく聴けることもあります。意識的に視覚情報を減らし、聞く習慣を身につけることも「聞く力」を養うことにつながります。

コロナ禍で普及したオンラインミーティングも、「移動がないのは楽だけど疲労感はある」という人も多いと聞きます。これも実は、映像として自分の顔が見られている、そして相手の顔も見ているというところから疲労感があるのかもしれません。しかもそれは、実際に対面している時とは違う疲労感です。

実際に人と会っている時は、相手の目を見ながらしゃべるのが基本ですが、ずっと見ているわけではありません。天井を見上げたり、資料に目をやったり、外の景色に目を向けたりと、会話の流れに合わせて自分の目に映る映像を変えていますので、その分、心理的な負担が減ります。

ミーティングは顔出しがマスト（必須）のことも多いですが、「ビデオオフ」のほうがリラックスして、会議内容に集中できるという場合もあるのではないでしょうか。

好印象を与える「イケボ」「声美人」

視覚情報がない分、音声のみの情報は、聞き手の想像力を掻き立てます。それが、私たちができることを広げてくれる可能性があります。

最近はマスクで顔が見えにくくなった分、私たちは相手の声を聞き取ろうと一生懸命です。ところが、マスクでは声がこもりやすく、聞き取りづらい。そのため、マスクをしていても相手に聞き取りやすい声がより求められるようになっています。それは、先に紹介した文化庁調査の結果からもわかります。マスクをしていると高音域が低減されるため、低音域が強調されて余計にこもって聞こえることもあるようです。[2]

魅力的な声を出す人を、最近は「イケボ」「声美人」と呼ぶことがあります。イケボで人気の配信者の語りを聞いていると、「耳なじみのよい声質」であるばかりでなく、「話すスピード」「声量の抑揚」「言葉の間（ま）」「聞き取りやすい声」「言葉選び」に気を使っているのが感じられます。

「大声を出せば聞き取れる」というわけではありません。周りの状況から大声を出せないこともありますし、無理をして大声を出すことで滑舌が悪くなることもあります。怒って怒鳴っているのかと勘違いされることもあるでしょうし、聞き慣れない声に、相手が戸惑ってしまうこともあるでしょう。

ユーチューブなどでは、マスクをしながらでもはっきりと聞き取りやすい声を出す方法などが紹介され、ＮＨＫの番組でも同様の特集が組まれることがありました。

ずっとマスクをしたままだと、しゃべる機会が減って声が出にくくなるということもあるので、ボイストレーニングをするのもよいでしょう。複式呼吸でしっかりと腹からと声を出すようにすれば、相手にも聞き取りやすくなります。

◆文献

2　週刊朝日 AERA dot.「『マスク会話』を聞き取りやすくするには？ "実は大声は必要なし" の解消法」 https://dot.asahi.com/wa/2020100200023.html?page=1

コミュニケーション手段を組み合わせて使うことが大事

私たちのコミュニケーション手段はさまざまであり、どれが重要になるのかは、その時の状況によって変えるものです。

目で見たほうが伝わることもあれば、音声だけのほうが伝わることもある。顔を見せたほうがスムーズなコミュニケーション、顔を隠した匿顔のほうがスムーズなコミュニケーション。言葉で伝えたほうがいいか、ジェスチャーで伝えたほうがいいか。手紙がいいか、電話がいいか、メールがいいか、ショートメッセージがいいか。

私たちは、多くの選択肢の中から、常にコミュニケーション手段を自分で選ばないといけません。

ここで問題なのは、どんなコミュニケーション手段でもコミュニケーションのトラ

ブルは起こりうる、ということです。

ウィズマスクの時代は、口元の表情が見えず、声は聞き取りにくいため、トラブルリスクを高める要因が一つ増えたと感じている方も多いと思います。

「マスクをしたままではコミュニケーションがとりづらい」

その指摘は、ある意味で正しいのかもしれません。

しかし、私は「マスクはコミュニケーションにさほどの影響は与えていない」と考えています。ノンバーバル・コミュニケーションの手段は、表情以外にもたくさんあり、補完するためにいくらでも新しいコミュニケーションの手段を生み出せるからです。

コミュニケーション力は進化します。

人間はもともと、限られた情報からでも相手の感情を読み取る力があります。生きるために必要な機能として備えているのです。まだ言葉の語彙が少ない子どもは特に、限られた情報からさまざまなことを読み取っています。周りの大人、友達の顔や仕草、行動をじっと見つめながら、自分も同じことを取り入れてみるなど、常にトライしています。

多様なコミュニケーションの手段を組み合わせて使うことで、私たちは、誤解やすれ違いといった、コミュニケーションの失敗を未然に防ぐことが可能です。バーバル・コミュニケーションとノンバーバル・コミュニケーションを駆使することで、より円滑な人間関係を構築することができます。

次節では、ノンバーバル・コミュニケーションの能力向上に役立つ、私たちが開発したプログラム「コグトレ」の一部を紹介します。

第2節 自分のコミュニケーションの癖を見直してみよう

認知ソーシャルトレーニング「社会面のコグトレ」とは

コグトレについては、拙著『ケーキの切れない非行少年たち』でも少し触れましたので、名前だけは知っているという方もいらっしゃるのではないかと思います。特に社会面のコグトレはコミュニケーションが苦手な子ども向けに開発されたトレーニングプログラムで、一般社団法人・日本ＣＯＧ－ＴＲ学会も設立されコグトレの普及活動が行われています。

コグトレの「コグ」とは、「認知」を表す「cognitive」から取っています。

日本語では認知に着目したトレーニングという意味になります、実際にそれは次の３種類に分類されます。

・社会面のコグトレ＝Cognitive Social Training（COGST：認知ソーシャルトレーニング）
・学習面のコグトレ＝Cognitive Enhancement Training（COGET：認知機能強化トレーニング）
・身体面のコグトレ＝Cognitive Occupational Training（COGOT：認知作業トレーニング）

つまりコグトレというのは、子どもの社会面、学習面、身体面といった３方面からの包括的支援を目的としています。

本書ではこのコグトレの中から、社会面のコグトレ（ＣＯＧＳＴ）を中心に、大人向けに紹介していきます。

子ども同士のコミュニケーションで起こる失敗の中には、大人社会でもよく見られる失敗もあります。会社や地域、家庭内でのコミュニケーションで、うまく自分の思いを伝えられず、失敗しがちという方は、コグトレを参考にしていただければ、「あの時の失敗はこんな些細なことが原因だったのか」「あの人はこう勘違いして怒ったのかも？」などと気づくことがあるかもしれません。

ちょっとした言動、ふるまいが、大きな誤解につながることは珍しくないのです。

私が勤めていた少年院で、少年たちに人気のある法務教官の方が心がけていると言われたことは、対人関係の基本でした。「少年に笑顔で挨拶する。名前を覚えている、最後まで話を聞く、少年のやったことをちゃんと覚えている」。そして、何よりも少年たちを大切に思う愛情に溢れている方でした。うわべだけの言葉か、自分を思ってかけてくれた言葉かは、見る力や聞く力が弱い少年たちにもしっかり届くことを教えてもらいました。

コミュニケーションはテクニックだけではうまくいきません。内面を磨き、相手の立場に立って気持ちを想像して、いかに相手に思いを届けるかが大事なのです。

おはよう、ありがとう、ごめんなさいが きちんと言えれば大丈夫

異なる生育環境、年齢、考え、生活基盤を持つ人同士が、同じ職場、同じ地域、同じ家で住む以上、対人トラブルは必ず生じます。社会で生きている以上、宿命としてつきまとうものと言ってもよいでしょう。どちらが正しくてどちらが間違っていると言えないものや、感情的なすれ違いも生じます。

いずれにせよ、対人関係でのトラブルは仕事にも日常生活にも大きな支障をきたすものなので、できれば最小限にとどめたいものです。

ちょっとした一言が良くも悪くも相手の態度を一変させることも少なくありません。簡単なことで、自分の抱えるストレスが激減することもありますし、新しい世界が開くチャンスをつかむこともできます。

まず、大雑把な結論から言います。

コミュニケーションで重要なのは、次の3つです。

・「おはようございます」＝挨拶
・「ありがとうございます」＝お礼
・「ごめんなさい」＝謝罪

これがきちんと言える人はコミュニケーション上手になれます。

これにもうひとつつけ加えるなら、上手な「断り方」です。

逆に言えば、これがきちんとできずに損をしている人がたくさんいます。

幼稚園や保育園でも教えられることなので、「何を今さら」と思われるかもしれません。でもよく思い出してみてください。皆さんは自分の職場で、学校で、しっかりと「おはよう」「ありがとう」「ごめんなさい」が言えているでしょうか。

面倒くさかったり、声に出すのが恥ずかしかったり、プライドが邪魔をしたり、言わなくてもわかるだろうと思っていたりすることで、大人こそ、この3つができていない場面が多々あるのです。

「職場で『おはようございます』と挨拶しても全員が無視で、シーンとしている」という過去の嫌な経験から、自分も挨拶をしなくなったという人もいるでしょう。でも、挨拶返しがなくても、耳には届いているはずです。

多くの場合、この３つの基本マナーさえ押さえていれば、人間関係のトラブルに巻き込まれる確率は劇的に下がります。自分もその場で気持ちよく過ごしたいのであれば、基本原則として挨拶、お礼、謝罪は心がけたいところです。認知機能を劇的に上げるのは難しいですが、適切な距離の取り方、視線の向き、声の大きさ、話すスピードなどは、練習をすればすぐにできるようになります。

私が勤めていた少年院の少年の一人は「社会では人と話すのが苦手だったけど、ここに来たら、人に頼んだり、お礼を言ったり、謝ったりしなければならないので、話すことに自信がついてきた」と話していました。

「おはよう（ございます）」と言われて、気を悪くする人はいないと思います。それは、
「自分のことを気にかけてくれているんだな」
「自分と仲良くしてくれようとしているんだな」

と思えるからでしょう。

逆に、挨拶されなかったらどうでしょうか。

「あの人、私に対して怒って無視しているのかな」

「何か気を悪くするようなことをしてしまったかな」

不安になってしまいます。

挨拶だけでなく、「ありがとう」「ごめんなさい」にも同じことが言えます。心のこもった感謝や謝罪の言葉は、自分との良好な関係を求めている印として、心に残ります。逆にそれがなければ、不安になるばかりか、時には怒りすら感じてしまうことと思います。

「照れくさい」「そういう言葉が要らないほど信頼関係がある」と自分は思っていても、そういった言葉がないといつか関係性が壊れてしまうこともあります。歴史ある建造物が残っているのは、メンテナンスがしっかりしているからです。「おはよう」「ありがとう」「ごめんなさい」も、すでに良好な人間関係をメンテナンスするという意味でも大切なのです。

挨拶が基本であることは、おわかりいただけたかと思います。しかし、**ここで気をつけたいのは、「とにかく挨拶をしなきゃ」と前のめりになり、義務感でしないことです。**

例えば芸人さんの世界では、テレビ番組の本番前に、先輩の楽屋に必ず挨拶をしに行かなければならないというしきたりがあるという話があります。本当のところの理由はわかりませんが、上下関係の厳しい世界ですから、本番で先輩から話を振ってもらえるよう、「よろしくお願いします」という意味での挨拶だと思います。もしもこの挨拶を忘れてしまうと、大変です。「なんで挨拶に来なかったんや！」と怒られることもあるほどです。

しかし、ベテラン芸人の中には、「いちいち挨拶に来なくていい」という人もいるようです。多忙なスケジュールな中、ほんのわずかな時間でも仮眠したいという方は、後輩芸人が絶えず挨拶に来ることは迷惑でしょう。

なかなか難しいと思いますが相手の立場に立って考えて、機転を利かせることができたら、挨拶上級者でしょう。

一般企業でも、帰り際の「お疲れさまでした」の一言も、残って仕事をしている同僚のほうを向いて言うのと、振り向きもせずに呪文のように言って帰る人とでは、聞いた人の印象はだいぶ変わるものです。

社会面のコグトレ① 挨拶のマナー

それでは、挨拶、お礼、謝罪、断る時のマナーについてコグトレを使って実際に体験してみましょう。

状況の説明文とイラストが書かれた巻末資料のワークシートは「失敗パターン」と「成功パターン」がセットになっています。

①失敗パターンでのバーバル・コミュニケーション：「何と言ったと思うか？」
②失敗パターンでのノンバーバル・コミュニケーション：声の大きさ、声をかけるタイミング、表情、話すスピード、視線、身体の向きなど
③成功パターンでのバーバル・コミュニケーション：「何と言ったと思うか？」

④成功パターンでのノンバーバル・コミュニケーション：声の大きさ、声をかけるタイミング、表情、話すスピード、視線、身体の向きなど

それぞれで考えられる発言、態度に関する質問について、答えを書き込んでいきます。多くのワークシートを見て、相手の気持ちや状況を想像してみることで、対人マナーへの理解は深まっていきます。**対人マナーは経験で学んできたものですので、答えに正解はありません。**

グループで行う場合には、誰かの意見を否定することはせず、「そういう意見もあるのか」と気づくことで、よりよいマナーを身につけていくことを促すものです。文章が書けても実際にはできなかったりするので、ロールプレイで練習してみることもおすすめしています。

例えば挨拶のマナーのワークシート（P188・189）にある失敗例の下の左欄「Aさんは何と言ったと思う？」に「今日からよろしくね」という肯定的な言葉を書き込み、右欄「Aさんの声の大きさは？　AさんとBさんの距離は？」に「声は小さ

く、距離は遠い」と書いたとします。

そうすると、「Aさんには、Bさんが逃げたように見えたかもしれないけれど、緊張していて、Aさんが自分の話しかけたことにも気づかなかったのかもしれない」という状況が見えてきます。

次に成功例の下の左欄「Aさんは何と言ったと思う？」に失敗例と同じく「今日からよろしくね」という言葉を書き込み、右欄「Aさんの声の大きさは？ AさんとBさんの距離は？」に「声は大きく、距離は近い」と書いたとします。

この場合は、Aさんの言葉も気持ちもBさんに届き、仲良くなれたことが想像できます。

これが正解というわけではありません。

いろいろな設定を考えて想像してみることがポイントです。

社会面のコグトレ②　お礼のマナー

次にお礼のマナーのワークシート（P190・191）を見てみましょう。

例えば失敗例の下の左欄「A君は何と言ったと思う？」に「Bさん、昨日のノートあるでしょ？　見せてよ」という言葉を書き込み、右欄「どうしてそう声をかけたの？」に「当たり前の習慣になっていたから」と書いたとします。

そうすると、「BさんはA君の感謝の気持ちもないずうずうしさに『ひどい』と怒った」という状況が見えてきます。

次に成功例の下の左欄「Aさんは何と言ったと思う？」に「昨日のノート、見せてくれる？　いつもありがとうね」という言葉を書き込み、右欄「どうしてそう声をかけたの？」に「Bさんの優しさに感謝しているから」と書いたとします。

そうすると、BさんもA君の役に立ったことが嬉しくて「またいつでもどうぞ」と言ったのだろうと想像できます。

「ありがとう」と言われて嫌な気持ちになる人はいません。感謝の気持ちは、きちんと言葉に出して言うことも大事です。

社会面のコグトレ③　謝罪のマナー

次に謝罪のマナーのワークシート（P192・193）を見てみましょう。

例えば失敗例の下の左欄「A君は何と言ったと思う?」に「今日は10分遅れで済んだね」という言葉を書き込み、右欄「A君の表情は?」に「笑顔で」と書いたとします。

そうすると、「遅刻常習犯のA君が悪びれず謝りもしないので、彼女は腹が立って許さない」のだという状況が見えてきます。

次に成功例の下の左欄「A君は何と言ったと思う?」に「遅れてごめんね。スマホを忘れて取りに帰ったんだ」という言葉を書き込み、右欄「A君の表情は?」に「申し訳なさそうな表情」と書いたとします。

そうすると、彼女は遅れた理由を聞いてしかたないと思い、真剣に謝る表情を見て「いいよ」と優しく許したのだろうと想像できます。

自分が相手に失礼なことをしたり、迷惑をかけた時には、真っ先に「ごめんなさい」「申し訳ありません」と言って謝りましょう。

次に、どうしてそのようなことをしたのか（ここでは遅刻）を説明しましょう。これは言い訳に聞こえないように伝えることが大切です。

理由を聞いても許せない場合もあるかもしれませんが、理由を説明することで「誠実な人なんだろう」と思ってもらえることも多いのではないでしょうか。

社会面のコグトレ④　断る時のマナー

次に断る時のマナーのワークシート（P194・195）を見てみましょう。

例えば失敗例の下の左欄「Aさんは何と言ったと思う？」に「今日はやめとくわ」という言葉を書き込み、右欄「Aさんの身体の向きや視線は？」に「Aさんの方を向かずにスマホを見て」と書いたとします。

そうすると、「Bさんは自分が軽んじられたと思って怒ったのだろう」という状況が見えてきます。

次に成功例の下の左欄「Aさんは何と言ったと思う？」に「今日はお母さんに寄り道しないように言われちゃったから付き合えないの。ごめんね」という言葉を書き込み、右欄「Aさんの身体の向きや視線は？」に「Bさんの方を向いてBさんの目を見て」と書いたとします。

そうすると、BさんにAさんの「自分も本当は行きたいけれど、今日はダメだから残念だと思っている」という気持ちが伝わったから、Bさんは「わかった、じゃあまた今度ね！」と笑顔で言ったことが想像できます。

自分ならなんて言ってほしいかと想像することで、相手の気持ちを思いやった断り方が身についてきます。そうすると、「相手の気持ちを察することができる人なんだな」とか「想像力が豊かな人なんだろうなぁ」と相手に思ってもらうことができ、誤解されることも減ってきます。

自己理解が他者理解を深める

対人マナーでは、実際にはその場では気づかないことも多く、自分が知らない間に相手を怒らせたり、傷つけたりということもあります。相手の態度が変わったり、人から教えられたりして初めて気がつく場合も少なくありません。あるいは自分が成長して、10年後、20年後に、「昔、こんなことをしてしまったな」と、恥ずかしさとともに思い出すこともあるでしょう。

対人マナー上達の一つの方法として、「自分を知ること」が挙げられます。

自分を知るには、他者とのコミュニケーションの中で相手の反応を見ながら、たくさんのうまくいった経験や失敗した経験を通して自分の癖を学ぶしかありません。反省点などを自己にフィードバックしていけば、正しく情報収集をする力が備わってきます。

自分がどういう人間なのかを知らなければ、相手を怒らせたり傷つけたりする瞬間にも鈍感になってしまいます。**逆に自分自身に客観的視点を持つことができれば、今**

目の前の相手に、自分がどう見えているかも想像できます。そこでとるべき対人マナーもわかってくるでしょう。

「自分は挨拶が苦手だな」と思っているのなら、親しい先輩や同僚などに客観的に見た、自分の対人マナーの良い点と悪い点について、アドバイスをもらうのもよいでしょう。

さらに、自分の会議での音声を聞き直す、プレゼンをしている映像を見直す、オンラインミーティングの映像を見直す、といったことでも、自分を客観的に見ることが可能です。自分が何を言ったかというバーバルな行動履歴については、ある程度自分の記憶にも残っていると思いますが、その時どんな表情をしていたか、目線はどうだったか、どんな手の動きをしていたか、話すスピードは適切だったか、声の大きさは適切だったか、といったノンバーバルの行動は自分では覚えていない、気づいていないことがほとんどです。録音・録画の機材を使えば、自覚のない行動履歴も一目瞭然となります。

「しゃべっている間、ずっと無表情だからつまらない話に聞こえるな」

「自分が思っていたより声のトーンが単調で、面白くない話に聞こえてしまうな」

「手振りをもう少し大きくしたほうが伝わりやすいかもしれない」

「話の間にこんなに『えーっと』って言っていると話を聞く相手も集中できないな」

と、コミュニケーションの障壁となっている自分の癖を発見することがあるでしょう。


また、**コグトレにある「人生山あり谷ありマップ」（図）をつけてみることで、自分を知る方法があります。**

このマップは、横軸が時間の経過、縦軸が「よかったこと」と「悪かった」ことを表しています。まずは過去の自分を振り返って、このマップを完成させてみてください。起点は入学時、就職時など、いつでもよいです。そこから今までを振り返ってみましょう。

「悪かったこと」も、もっと悪いことが後から起こると、以前「最悪」と思っていたことが相対的に「それほど悪いことではなかった」と思えてくるものです。度合いに

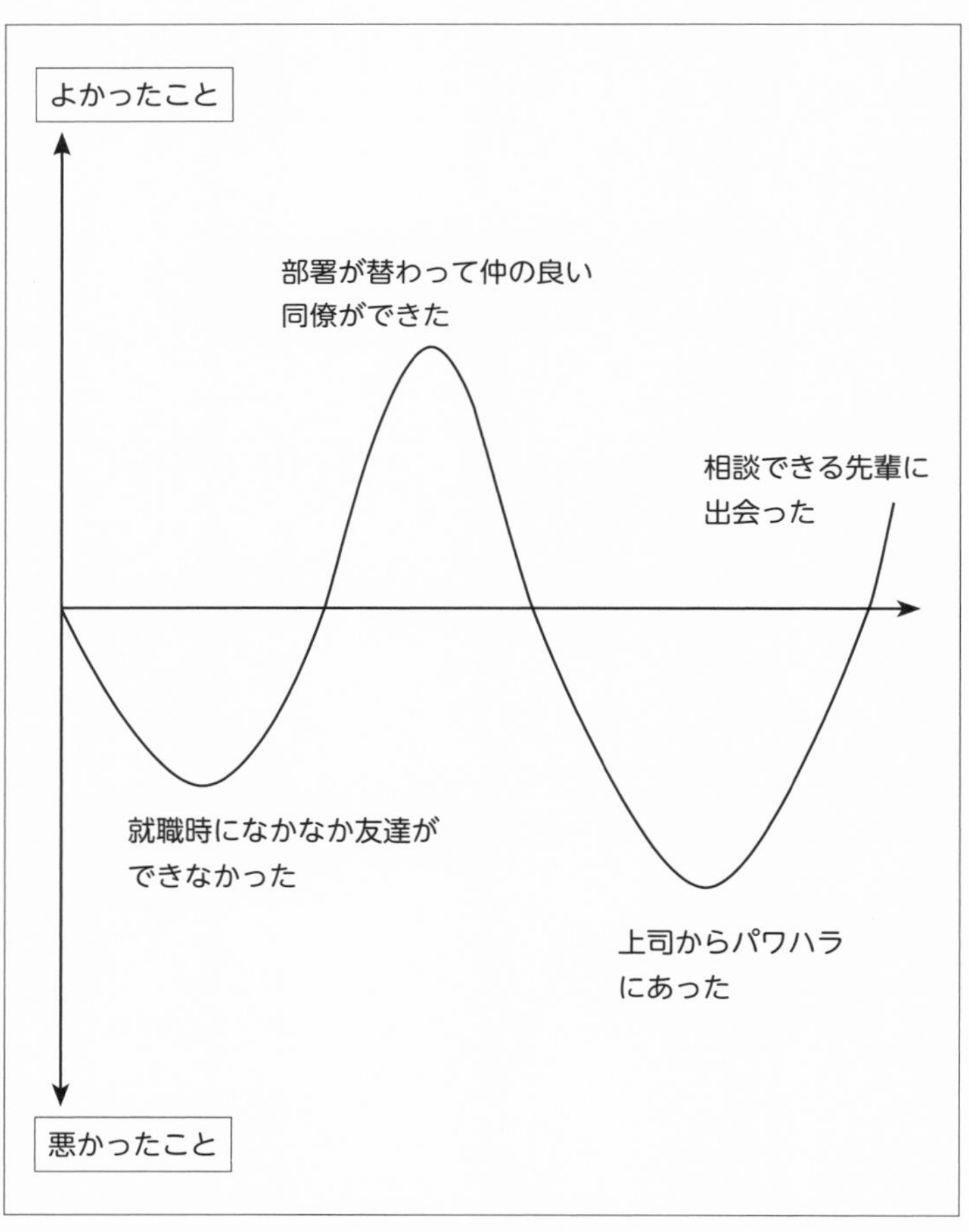

図　人生山あり谷ありマップの例

よりますが、つらかった思い出も、時が経つにつれて、懐かしい思い出に変わることがあるのが視覚的に理解できます。

自分の人生の「山」と「谷」の曲線を客観的に見ることで、普段は自分では気づけない自分の行動やふるまい、傾向、褒められやすいポイント、注意されやすいポイントが浮かび上がってきます。

まとめ

★表情と言語の情報信頼度はそれほど高くない。

★ノンバーバルを感じ取る「見る力」「聞く力」「想像する力」を養うことは、トラブル回避のカギ。

★社会面のコグトレはバーバル＋ノンバーバル・コミュニケーション力をつけるのに役立つ。

★新時代のコミュニケーションでも、基本は挨拶、お礼、謝罪。上手な断り方ができればなお良し。これらができれば対人マナーは大丈夫。

★自分の内面をいかにアピールすれば相手にうまく伝わりやすいかは人それぞれ。いろいろなノンバーバルを組み合わせる工夫が大事。

おわりに

禍福は糾（あざな）える縄の如し。

災いと幸福は、縄をより合わせるように表裏一体となって存在しているものだという、中国の故事成語です。

スペイン風邪以来、１００年ぶりのパンデミックとなったコロナ禍も、それは例外ではありませんでした。

日本でも多くの命が失われ、仕事が失われ、人々は息が詰まるような長い自粛生活を余儀なくされました。

その一方で、この機会に前進したこともあります。

遠くに住む人と気軽にオンラインでコミュニケーションをとることができ、どこに住んでいても出社せず、仕事ができるようにもなってきました。通勤がなくなり、その分、時間にゆとりができた、会社の付き合いの飲み会がなくなってストレスが減ったという話も聞きます。

自粛生活で、自分が本当に会いたい人、よく会っていたけれど実はそんなに会わなくてもよかった人がわかってしまった、という人もいるかもしれません。コロナによって、私たちはいろいろなことが見えてきたのだと思います。

最初は多くの人が「息苦しい」と言っていたマスクに関しても、メリットとデメリットは表裏一体です。私たちはマスク着用の生活をいかに快適に過ごすかに目を向け、高機能マスク、ファッションとしてのマスクなどを取り入れてきました。顔の半分を覆い隠してくれるマスクに、予想以上の安心感を得た人も少なくないでしょう。

順応力のある私たち人間は、そんなにやわじゃない、と私はつくづく感じました。

マスクを着けながらの会話は、高音域が聞き取りづらく、耳を研ぎ澄ませていないと聞き取れないことがあります。**耳という感覚器をこれまで以上にしっかりと働かせないといけない環境下で今後、聴力が衰えにくくなる、あるいは耳の機能が発達して**

これまで以上に聞こえる音域が広がる、集中力が高まるなど、人間の機能にもプラスの効果があるかもしれません。

また、もともと信頼性の薄い「表情」というものに惑わされていた私たちは、マスク生活を経て、これからは他の情報から相手の内面を読み取る力が向上することも考えられます。

「この人は言葉は丁寧だけど、視線がきょろきょろしていて、話を全然聞いていないな」

「この人は声のトーンは落ち着いているから、怒っているけれど、感情的に腹が立っているのではなく、私のことをちゃんと思って言ってくれているんだ」

そんなノンバーバルなメッセージに気づくことが増えるでしょう。

すでに見えている情報や聞こえている情報がわずかでも、私たちは以前より、それを手がかりに神経を集中させ、敏感に感じ取れるようになっていませんか。甘い言葉で人を誘う不審者や詐欺などを撃退するにも、こうした感覚は役立つかもしれません。

また、感覚を研ぎ澄ませることで、私たちの人間の機能が、生物的にもより発達する可能性があります。

人類の進化は、何万年、何十万年という長い時間単位で起こっているものと思う人も多いかもしれませんが、実は親子2世代でも変化が起こることがあります。大げさに聞こえるかもしれませんが、今のマスク生活が、人類の進化の過程に何らかの影響を与えるかもしれないのです。

遺伝子学には、「エピジェネティクス」という考え方があります。これは「エピジェネシス（後成説）」という言葉と、「ジェネティクス（遺伝学）」をかけ合わせた言葉で、DNAに後天的に変化が起こることを言います。

両親から受け継いだDNAは、後天的に変わるものではないと思われがちですが、実は生活習慣や生活環境が変わるだけでも、私たちの遺伝子は影響を受けています。

例えばほぼ同じDNAを持つ一卵性双生児も、環境が違うところで育てば、性格も、見た目も、体力も、好きな音楽、趣味も変わってきます。それはDNAが後天的な影響を受けているからと言われています。

食生活などの生活環境が豊かになることで、両親よりも背が大きくなったり、勉強や運動ができるようになったりといったことは、あなた自身や身の回りでもよくあることでしょう。

後天的なＤＮＡの変化は、まだ多くはわかっていませんが、優しくされた体験、成功した喜びの体験もＤＮＡは覚えており、次世代に引き継がれていく可能性があるのです。

そう考えると、コロナ禍を経て私たちが見出しつつある新時代のコミュニケーションも、ＤＮＡが記憶し、次世代に引き継がれていく可能性もあります。

もともと日本人が阿吽の呼吸を大事にしてきたのも、過去の人たちの経験が私たちのＤＮＡに残っているからなのでしょう。今後はさらにその傾向が加速して、何も言わなくてもコミュニケーションがとれるようになるかもしれません。

そうなれば、コミュニケーションの可能性はさらに広がります。

これまで私たちは、視覚情報や言葉を主に重視してきましたが、それだけでは伝わらないことも多くありました。

「見た目」というバイアスなしに、ダイレクトに内面を伝えられるコミュニケーションをより進化させることにより、私たちは言葉の持つ力を大事にしながら、新しい多様なコミュニケーションの形を作っていくことができます。自分の気持ちを届けたいという気持ちさえあれば、表現方法はいくらでも選べます。そこから生まれる新しい科学、文学、アートもあるでしょう。

そしてさらには、人種や言語、性、障がいによる差別といった壁をなくし、これまでつながりにくかった人たちとの新しい関係性も始まると私は信じます。

今までの社会ではなかなか築けなかった多様な人間関係がどんどん開かれていけば、たとえ経済規模、人口規模が縮小していったとしても、子どもたちの未来は明るいものになると思います。

自己表現や自分の思いを伝えることで重要なのは「伝えたい」という強い気持ちです。

コミュニケーションツールは、手紙、電話、メール、ラインなど時代によって変わってきましたが、自分のことを知ってほしい、相手をもっと知りたいという思いが最も大事なことには変わりありません。

もう「見た目」を気にして躊躇する必要もありません。

私たちには今、多様なコミュニケーションの選択肢が与えられているのです。

いろいろな手段で内面をアピールしていきましょう。

最後までお読みいただき、誠にありがとうございました。
新しいコミュニケーションにより、皆さんが想像をはるかに超えた人間関係を築くきっかけとなりましたら、著者としても嬉しい限りです。

２０２３年２月

宮口幸治

巻末資料

社会面のコグトレ　ワークシート

言葉以外のマナーについても考えてみましょう。

成功！

Ｂさんは笑顔で挨拶を返し、その日二人は仲良くランチに一緒に行きました。Ａさんはどのように声をかけたのでしょうか？　想像して書いてみましょう。

………

Ａさん

Ａさん　Ｂさん

Ａさんは何と言ったと思う？	Ａさんの声の大きさは？ ＡさんとＢさんの距離は？

Ａさんは、部署異動後、初出勤日を迎えたＢさんと仲良くなりたいと思い、近づきながら声をかけました。

失敗！

Ｂさんは何も言わず、逃げて行ってしまいました。
Ａさんはどのように声をかけたのでしょうか？
想像して書いてみましょう。

………

Ａさん

Ｂさん

Ａさんは何と言ったと思う？	Ａさんの声の大きさは？ ＡさんとＢさんの距離は？

急に怒りだしたＢさんの気持ちをまず考えて、Ａ君が何と言ったのか、どうしてそう声をかけたのか、書いてみましょう。
例えば「何度も繰り返し見せてくれるＢさんに感謝する」などです。

成功！

Ｂさんはにっこりして、「またいつでもどうぞ」と言いました。Ａ君はどのように言ったのでしょうか？想像して書いてみましょう。

……….

Ｂさん　Ａ君　Ｂさん

Ａ君は何と言ったと思う？	どうしてそう声をかけたの？

A君はよく、大学の講義を休むたびに、Bさんにノートを見せてもらっています。今日A君はBさんにまた、ノートを見せてもらいました。そしてあることを言いました。

成功！

彼女は「いいよ」と優しく許してくれました。A君はどのように言ったのでしょうか？　想像して書いてみましょう。

彼女　A君　彼女

A君は何と言ったと思う？	A君の表情は？

Ａ君は彼女と 10 時に待ち合わせをしていました。ところが家を出ようとした時、スマートフォンを家に忘れたことに気づき、取りに戻りました。10 分遅刻したＡ君は、彼女に言いました。

成功！

Ｂさんは「わかった、じゃあまた今度ね！」と笑顔で言いました。Ａさんはどのように言ったのでしょうか？　想像して書いてみましょう。

……….

Ａさん　Ｂさん　Ｂさん

Ａさんは何と言ったと思う？	Ａさんの身体の向きや視線は？

断る時のマナー

Ａさんは今朝、お母さんに「今日は寄り道しないで家に帰って来なさい」と言われました。仕事が終わって帰ろうとすると、Ｂさんが「一緒にご飯食べて帰らない？」と誘ってくれたので、ＡさんはＢさんに言いました。

＜著者略歴＞
宮口幸治（みやぐち・こうじ）
立命館大学教授
京都大学工学部を卒業し建設コンサルタント会社に勤務の後、神戸大学医学部を卒業。児童精神科医として精神科病院や医療少年院に勤務。2016年より現職。一般社団法人日本COG-TR学会代表理事。医学博士、臨床心理士。
著書『ケーキの切れない非行少年たち』『どうしても頑張れない人たち』『ドキュメント小説　ケーキの切れない非行少年たちのカルテ』（新潮新書）はシリーズ累計100万部突破のベストセラーに。コミック版『ケーキの切れない非行少年たち』（新潮社）ではシナリオライターとして第６回さいとう・たかを賞を受賞。その他、『１日５分！ 教室で使えるコグトレ 困っている子どもを支援する認知トレーニング122』（東洋館出版社）、『社会面のコグトレ 認知ソーシャルトレーニング』（三輪書店）、『境界知能とグレーゾーンの子どもたち』（扶桑社）、『「立方体が描けない子」の学力を伸ばす』（ＰＨＰ新書）など著書多数。

素顔をあえて見せない日本人
新時代のコミュニケーション

2023年3月13日　　第１刷発行

著　者　宮口幸治
発行者　唐津 隆
発行所　株式会社ビジネス社
〒162-0805　東京都新宿区矢来町114番地 神楽坂高橋ビル5F
電話　03(5227)1602　FAX　03(5227)1603
https://www.business-sha.co.jp

〈装幀〉荒木香樹
〈カバーイラスト〉msk/PIXTA
〈本文組版〉マジカル・アイランド
〈編集協力〉香川誠
〈本文イラスト〉峰村友美
〈印刷・製本〉中央精版印刷株式会社
〈営業担当〉山口健志
〈編集担当〉近藤 碧

ISBN978-4-8284-2498-9

ビジネス社の本

AI支配でヒトは死ぬ。

システムから外れ、自分の身体で考える

養老孟司……著

聞き手：浜崎洋介

定価1540円（税込）
ISBN978-4-8284-2325-8

**仮想現実、グローバリズム、同一化の圧力……
「令和の常識」は、おかしなことだらけ。
流行に背を向け、地に足をつけて生きる自足のススメ！**

本書の内容

第一章　肥大化するシステムと、崩れ行く世間
第二章　システムを超える「もの」「自然」「身体」「国語」の手触りについて
第三章　「手入れという思想」～「バカの壁を超えるために」
第四章　「不気味なもの」との付き合い方
第五章　「自足」することと、「自立」すること
第六章　「一元化」し得ない世界のなかで
番外編　グローバリズムについて　コロナ禍を考えるために